마음을 열고 분위기를 살리는
아이스브레이크 101

마음을 열고 분위기를 살리는
아이스브레이크 101

1판 1쇄 발행 2015. 4. 22.
1판 11쇄 발행 2024. 3. 8.

지은이 이영민
기획 한국청소년리더십센터(이재용)

발행인 박강휘
편집 김윤경
디자인 이은혜
발행처 김영사
등록 1979년 5월 17일(제406-2003-036호)
주소 경기도 파주시 문발로 197(문발동) 우편번호 10881
전화 마케팅부 031) 955-3100, 편집부 031) 955-3200
팩스 031) 955-3111

값은 뒤표지에 있습니다.
ISBN 978-89-349-7086-6 13370
      978-89-349-7864-0 (세트)

홈페이지 www.gimmyoung.com   블로그 blog.naver.com/gybook
인스타그램 instagram.com/gimmyoung   이메일 bestbook@gimmyoung.com

좋은 독자가 좋은 책을 만듭니다.
김영사는 독자 여러분의 의견에 항상 귀 기울이고 있습니다.

창의적 액션러닝 교수법

마음을 열고 분위기를 살리는

아이스 브레이크 101

이영민 지음

김영사

차례

아이스브레이킹을 하기 전에 ———————————————— 9
머리말 ——————————————————————————— 11

1부
아이스브레이크의 이해

아이스브레이크란 무엇인가? ———————————————— 22
10인 10색의 아이스브레이킹 ———————————————— 26
성공적인 아이스브레이커를 위한 조언 ———————————— 31
이 책을 성공적으로 사용하는 방법 ————————————— 34

2부
아이스브레이커 되기

Icebreak-Interaction
상호작용으로 네트워킹을 촉진하라

1 자기소개를 위한 진진가眞眞假 ——————————————— 39
2 슈퍼스타, Interview! 인터뷰 게임 ————————————— 46
3 이런 사람 어디 없어요? 인간 빙고 게임 —————————— 50
4 그림으로 자기소개하기 —————————————————— 54

5	몸짓으로 자기소개하기	56
6	내가 가장 좋아하는 것은 ○○○입니다	58
7	재미있는 자기소개	61
8	상호이해 & 친밀감 형성을 위한 자기소개	63
9	솔루션 게임, 정답은 하나가 아니다!	65
10	이미지 메이킹 게임	67
11	우리 함께 찾아보아요	70
12	Is & Is Not Game 1	73
13	Is & Is Not Game 2	76

ICebreak-Change
변화와 개선으로 고정관념을 깨뜨려라

14	알쏭달쏭 점블 퀴즈	79
15	스토리텔링 점블 퀴즈	82
16	알파벳 점블 퀴즈	83
17	초성 점블 퀴즈	84
18	패러다임 시프트 I	85
19	패러다임 시프트 II	86
20	패러다임 시프트 III	88
21	패러다임 시프트 IV	89
22	Captain, My Captain 나의 영웅들	90
23	감정 나무 그리기	92
24	익숙한 것과의 결별?	97
25	뇌구조 그리기	99

IcEbreak-Energy
활력과 에너지 레벨이 넘치는 즐거운 분위기를 만들어라

26	훌라후프 게임	103
27	과일 광주리 게임	106
28	가장 길게? 가장 짧게! 순발력 게임	109
29	반전, 역전 게임	111
30	게 섯거라! 파트너십 게임	114

31	후 아 유? 자기개방 게임	116
32	신문지 뛰어넘기 게임	118
33	볼 토스 Ball Toss 패러다임 게임	120
34	모션 근원 찾기, 관찰 게임	123
35	순서대로 & 끼리끼리 팀 게임	125
36	난파선 올라타기, Everybody Up Game	127
37	내 다리가 네 다리, 팀업 게임	129

IceBreak—Benefit
참가자에게 유익한 경험을 줘라

38	절대로 오목이 아닙니다	131
39	로꾸꺼 게임	134
40	Play DiSC Game DiSC로 아이스브레이크 하기	137
41	스트레스 다루기? 스트레스 가지고 놀기! 스트레스=미니 에이스	142
42	숫자 암호 추리 게임	146
43	푸시업 게임	148
44	3인 학습 코칭 교수법	151
45	긍정문 자성예언 셀프토크 게임	153
46	그림 롤플레잉 게임	155
47	동문서답 게임 & 질문 게임	157
48	봉투 물기, 스트레칭과 밸런스 게임	159
49	인간 도미노 게임	161

IcebReak—Recreation
재미있는 유희와 게임으로
삶을 재창조하는 경험을 하게 하라

50	톰과 제리 게임	164
51	의자 옮겨 앉기 도미노 게임	166
52	고객 모셔 오기 서비스 게임	168
53	정글 북 게임	170
54	로켓 발사 몸짓 게임	171
55	미션 임파서블 러닝맨 게임	173
56	팀 파워	177

57	산 넘고 물 건너 게임	180
58	텔레파시, 스킨십 게임	182
59	감전놀이, 팀 커뮤니케이션 게임	184
60	얽힌 손 풀기 게임(한국식)	186
61	얽힌 손 풀기 게임(미국식)	188
62	풍차 돌리기 팀워크 게임	190
63	프리스비 농구 액티비티 러닝	192

IcebrEak-Entertainment
참가자들을 환영하고 맞이하는 즐거운 쇼를 계획하라

64	빙고 게임	195
65	지금 내 기분이 어떤지 알아요? 키스 미 게임	200
66	하루 마지막 24시간	204
67	그객 알기 게임	208
68	세렌디피티 행운의 게임	211
69	R & D에서 R & C로	214
70	Top 10 & Best 10 게임	216
71	포스터 그리기	218
72	하나 둘 셋 라인 게임	220
73	밀착 게임, 샴쌍둥이 체험하기	222
74	블록 쌓기, 팀 연출 게임	224
75	자음 퀴즈 노래방	226
76	림보댄스 1, 2, 3	228

IcebreAk-Achievement
목표를 달성하고 성취를 맛보는 자부심을 갖게 하라

77	Be, Do, Have Process(BDH Goals)	231
78	아니 이럴 수가? 암호풀이 게임	234
79	내가 만약에	237
80	어린아이처럼 되기, 창의성 체크리스트	239
81	창의성에 불붙이기, Creativity Capsule	243

82	피그말리온 효과	245
83	My Action Plan(MAP)	247
84	일,이,삼,사,오,육,칠,팔,구,십 사자성어 퍼즐 게임	250
85	My Dream Is ~	254
86	버킷 리스트	256
87	4D 사이클 게임	258
88	바바 게임	260

IcebreaK-Knowledge
지식과 정보를 주는
아이스브레이킹으로 소통하라

89	Back to the Basic, 필살기보다 기본기 게임	263
90	마인드 스토밍, 20가지 아이디어 게임	265
91	쉬어 갑시다, 단어퍼즐 게임	269
92	가치 명료화 게임 1	271
93	가치 명료화 게임 2	274
94	ABCD 법칙 인생 게임	277
95	기러기의 리더십, 팀 리더십	280
96	SWOT 2×2 매트릭스 게임	282
97	가르치는 사람들의 5가지 사랑의 언어	284
98	일회용 종이컵	288
99	감정계좌 게임 S-T-C!	290
100	피드백 게임 건설적이고 긍정적 피드백하기	293
101	메타포를 활용한 티칭	296

아이스브레이킹을 하기 전에

세렌디피티!
무슨 뜻인지 아세요?

　　세렌디피티Serendipity! 우연히 발견한 횡재, 행운, 재수, 운수라는 뜻입니다. 뜻밖의 발견, 뜻밖의 재미를 말합니다. 리더십과 코칭 강의를 하다 보면 이런 경험은 헤아릴 수 없을 만큼 많습니다. 즉, '목표와 일치하는 것만 찾아내는 능력'을 말합니다. 행운이나 우연한 재수가 아무 노력도 하지 않는데 거저 내게 오지는 않습니다. 목표 추구형 유기체로, 목표 지향적으로 살아가는 사람들에게 세렌디피티 유발행동이 일어나는 것입니다.

　　지금부터 그 우연과 행운의 발견 이야기를 함께해 보려고 합니다.

　　창의력에 관한 책을 보다가 '세렌디피티(영민한 발견)'라는 챕터를 보면서 어찌나 반가웠던지……. SeReNDiPitY라는 단어 안에 있는 '영민한 발견'이라는 이 의미를 그동안 제가 리더십과 코칭리더십, 그리고 액션러닝 교수법을 배우고 강의하면서 발견했던 행운의 게임들 속에서 함께 공유하기를 원합니다.

자, 한번 마음속으로 크게 외치면서 시작해 보면 어떨까요?

"Serendipity~!"

책을 읽는 동안 뜻밖의 재미와 기쁨이 있기를 기대합니다.

아, 〈세렌디피티〉라는 영화도 한번 보시면 잔잔한 감동이 있을 것입니다.

2015년 4월 어느 날

이영민

머리말 1

창의적 액션러닝 교수법의 세계로 초대합니다

"사람은 어떤 것도 가르칠 수 없다. 자신이 가지고 있는
잠재능력을 발휘할 수 있도록 도와줄 수 있을 뿐이다."
갈릴레오 갈릴레이

"놀면서 교육이 되는 강의는 없습니까?"
"이젠 앉아서 강의만 듣는 것은 지겹습니다. 다른 방법은 없나요?"
"지금이 어느 시대인데, 옛날과 변한 것이 거의 없다니……"
"책으로 읽어도 될 것을 이 좋은 장소에 와서 강의만 듣는다는 게 답답합니다."
"일단 재미가 없고 지루하니 강의가 들어오지 않네요."

25년 가까이 다양한 현장 학습활동을 하면서 알게 된 사실은, 놀이와 게임 활동이 가지는 장점이 학습대상과 장소에 따라 무궁무진한 경험을 하게 한다는 것입니다.
아이들뿐만 아니라 성인 학습자들도 게임을 하면서 즐겁게 학습활동 하는 것을 좋아합니다.

그래서 저는 지난 25여 년을 가르치는 사람들을 위한 창의적 강의 기법과 액션러닝 교수법, 조직 활성화를 위한 팀빌딩 게임, 야외활동을 위한 아웃도어 프로그램, 가족들을 위한 캠프활동 프로그램 등등을 지속적으로 연구하고 개선하며 만들어 왔습니다. 이런 액티비티 러닝을 연구해 오면서 리더십과 코칭, 학습자 진단 등이 더해졌고 창의적 액션러닝 교수법이라는 저만의 독특한 프로그램이 만들어지게 되었습니다.

수많은 기업과 학교 그리고 공공단체의 교수, 강사, 교사, 교육담당자들이 저에게 다양한 상황에서의 즐겁고 재미있는 활동 자료들과 창의적 강의를 요청해 왔습니다.

- 즐거운 아침조회 기법
- 조직 활성화를 위한 팀빌딩 Team Building
- 강의 분위기를 살리는 아이스브레이킹 Ice-Breaking
- 동기부여를 위한 스팟 Spot 기법
- 사람을 살리는 리더십 게임
- 강의를 살리는 스팟 게임
- 강사를 살리는 아이스브레이크 Ice-Break 게임
- 대화를 살리는 스몰토크 Small-Talk 기법
- 학습자의 마음을 열고 두뇌를 깨우는 액션러닝
- 실천적 교수법을 극대화하는 다양한 강의 방법과 게임 아이디어
- 참여식 수업을 위한 창의적 강의 기법
- 청중을 사로잡는 시작 Opening 과 마무리 Closing 기법
- 소통과 친밀감 형성을 위한 마음을 여는 액션러닝
- 분위기를 활력 있게 만드는 다양한 수업 퍼포먼스 Performance

액션러닝 교수법은 지식과 정보를 전달하는 강사 중심의 교수학습이 아닙니다. 학습 참가자들이 적극적으로 참여하여 만들어 가는 학습자 중심의 경험학습이며 주도적 학습입니다.

다양한 강의학습법, 창의적 교수방법 등 기존의 지식 전달형 교육 패러다임의 강력한 대안이라며 자신만만하게 교수법을 소개하는 책은 아주 많습니다. 그러나 그 이론과 개념에 맞는 연구와 실제 프로그램이 빈약한 것이 아쉽습니다.

좋은 이론은 실제와 다르지 않다는 것이 저의 생각입니다. 그러나 뛰어나고 좋은 이론에 비해 그것을 실제 활동으로 활용할 수 있는 프로그램과 아이디어들이 부족한 게 우리 현실입니다. 유머가 강의 분위기를 바꾸는 수업 전략이라고 말하지만 구체적으로 어떤 유머를 사용해야 하는지, 신선하고 새로운 유머의 사례와 개발에 대한 아이디어들을 찾기는 쉽지 않습니다.

게임만큼 좋은 강의 기법이 없다고 말합니다. 그러나 유효기간이 지나지 않은 새로운 게임 New game 을 찾아내어 강의 교안에 활용하는 것이 만만치 않습니다. 동영상을 강의에 활용하라고 말하지만 동영상을 편집하는 방법도 모르고, 동영상을 확보하기 쉽지 않은 강사들은 기존에 돌아다니고 있는 동영상을 USB에 담아서 활용하려고 하지만, 이미 그 영상은 유효기간이 지난 - 학습 참가자들이 다 아는 - 자료일 수밖에 없습니다. 유머나 넌센스 퀴즈도 마찬가지입니다. 유효기간이 지난 떠돌아다니는 이야기나 퀴즈를 강사가 새로운 것인 양 말할 때, 느낌이 어땠나요?

창의적 문제해결 기법에서 '브레인스토밍'이나 '마인드맵'이 아이디어를 모으고 정리하는 데 얼마나 좋은지 배우고 경험합니다. 그러나 실제 강의 중에 이런 다양한 교수방법을 적극적으로 활용하기란 여간해서 쉽지가 않습니다. 마찬가지로 플립차트를 활용하라, 활동적이고 재미있는 게임을 활용하라, 동영상 자료를 효과적으로 사용하라, Q&A기법을 사용하라, 인터뷰나 롤플레잉을 활용하라고 여러 교수법에서 말하고 있지만 정작 무슨 내용을 어떻게 활용해야 할지는 쉽지 않습니다.

이 책은 여러분의 강의와 세미나 또는 모임을 성공적으로 이끌 수 있는 다양한 활동 프로그램들로 가득합니다. 내가 진행할 강의나 모임을 새롭고 창의적인 것들로 구성해 참가자들과 재미있게 활동하고 성공적인 모임으로 이끌어 가기를 원하십니까? 한 학기 14주 이상 늘 같은 학습 대상자들을 만나게 되는 교수, 다양한 영역에서 수많은 강의를 해야 하는 전문적인 강사, 기업과 조직에서 크고 작은 수많은 교육을 운영해야 하는 교육 담당자, 각종 모임과 행사를 이끌어 가는 진행자, 그리고 사람들 앞에 서서 아침저녁으로 조회를 이끌어 가거나 회의를 이끌어 가는 리더에게 조그마한 도움이 되기를 기대합니다.

이 책에서는 다음의 내용을 소개합니다.
- 학습 참가자들을 상호작용시키며 네트워킹을 촉진하는 아이스브레이킹
- 변화와 개선으로 패러다임을 전환하게 하는 아이스브레이킹 게임
- 활력과 에너지가 넘치는 즐거운 분위기를 촉진하는 팀업Team Up 활동
- 학습 참가자에게 도움이 되고 유익한 경험을 주는 다양한 게임
- 몸으로 경험하는 재미있는 레크리에이션 활동
- 참가자들을 환영하고 맞이하는 즐거운 쇼맨십 게임

- 아이스브레이크 활동을 하는 목표가 무엇인지를 다시 한 번 생각하게 하는 기법
- 지식기반사회에 정보를 주는 아이스브레이크 프로그램
- 효과적인 아이스브레이크를 위한 다양한 학습 게임 도구 등

이 창의적 액션러닝 교수법 내용을 소그룹부터 인원이 많은 대형 강의까지 한 가지씩 활용해 보세요. 그 즉시 효과가 나타날 것입니다.

머리말 2

왜,
창의적 액션러닝 교수법인가

"학습 시스템의 초점은 강사가 가진 지식과 노하우에서
학습자의 체험으로 옮겨 가야 한다."
피터 블록

　학습과 학습 성과는 걱정이 많은 상태나 학습할 의도가 없는 상태에서는 집중력 있고 빠르게 이루어지지 않습니다. 학습자들은 일을 수행하기 위해 필요한 대부분의 지식을 이미 가지고 있습니다. 실제로 학습자들이 어려워하는 것은 지식의 습득이 아닌 지식의 활용입니다. 바로 액션러닝이 필요한 이유입니다. 학습 성과에 대한 전통적인 방식인 긴장감과 압박감 그리고 두려움은 도움보다는 오히려 방해가 될 뿐입니다. 학습자들이 가지고 있는 가능성과 무한한 잠재능력을 끌어내어 적절하게 사용할 수 있는 최고의 교수법을 활용하는 것이 필요한 이유입니다.

　창의적 액션러닝 교수법은 우리 삶(인간관계, 일터, 사물, 목표달성) 속에서 찾아낼 수 있습니다. 주의력과 관찰력 그리고 호기심이 효과적이고 감동을 주는 액션러닝을 할 수 있게 합니다. 그러므로 액션러닝은 마음만 먹는다면 어렵지 않게 배우고 습득하여 활용할 수 있습니다. 한 번 두 번 생활 속의 아이스브레이킹을 활용하다 보면 물 흐르듯이 자연스럽게 효과적인 액션러닝을 할 수 있게 됩니다. 그러나 짧고, 간단한 게임 정도로 생각하면서 액션러닝을 마냥 사소한 것-'그까짓 게임, 놀이가 교육에 무슨 소용이 있다고'-으로 여기다가는 큰 낭패를 보게 될 것입니다. 액션러닝은 단순히 웜 업Warm Up이나 분위기 반전, 고정관념 깨기, 오픈 마인드Open mind 이상의 효과가 있습니다.

    저는 25여 년 동안 게임, 놀이, 레크리에이션과 인간관계에 대해 관심을 가지고 연구하면서 많은 책을 읽어 왔습니다. 그리고 리더십과 액션러닝의 조화를 통한 인간의 변화와 성장에 관심을 가지고 연구하면서 많은 사람들을 만나 왔습니다. 교수, HRD 교육 담당자, 장학사, CS 강사, 연수원 담당자, 교육 진행자, 교사, 학원 운영자, 리더십 강사들이 자신의 프로그램과 강의를 멋지고 훌륭하게 진행하기 위해 많은 투자와 노력하는 것을 보았습니다. 그들은 모든 프로그램의 시작Opening과 마무리Closing를 어떻게 해야 할지 아이디어와 방법론에 관심이 많았습니다. 첫 시간, 첫 만남을 어떻게 시작할지, 점심시간 이후 졸릴 때 어떻게 대처할지, 서비스 교육을 액션러닝으로 대신할 수 있는지, 리더십 강의를 액션러닝으로 경험하고 서로의 느낌과 피드백을 종합하여 각 대상에 맞는 리더십 강의를 한다면 최상이 아니겠습니까?

    교육 내용과 진행을 매끄럽게 도울 수 있는 교수 기법으로서의 액션러닝, 그리고 모임이나 강의를 좀 더 새롭고 창의적인 기법으로 이끌어 갈 수 있는 창의적인 교수법에 대한 관심이 실로 큽니다. 최근 몇 년 사이에 액션러닝에 대한 요구가 많아졌습니다 액션러닝의 기술은 타고난

다기보다는 배워서 습득할 수 있는 것들입니다. 이 책에서 말하는 몇 가지의 규칙들을 배워 액션러닝을 습득하면 좋은 퍼실리테이팅 기법과 강의법으로 자신 있는 교육 진행과 강의를 할 수 있습니다. 언제 어디서 누구와 몇 명이라도 교육 목적을 돕고 효과를 높일 수 있도록 자연스럽게 진행해 나갈 수 있는 자신감 있는 강의 진행자가 될 것이라고 믿습니다.

주입식 강의에 치우친 강사가 가지는 액션러닝에 대한 부정적인 견해, 특히 고가의 고급교육에서 시간에 쫓기다 보면 전할 내용이 너무 많아서 액션러닝 없는 지식 전달 강의가 더 좋은 강의라고 믿는 사람들도 아주 많습니다. 또한 활용을 해도 액션러닝을 잘 다루지 못하고 소홀히 다루며 하찮고 가벼운 것으로 취급하는 사람들도 있습니다. 그들은 액션러닝뿐만 아니라 게임, 활동, 롤플레이, 플립차트 등 학습도구 활용이나 새로운 것에 대한 두려움을 원초적으로 가지고 있는 사람들입니다.

아직도 많은 강사나 진행자들이 사용하는 강의 기법은 박수 게임, 스트레칭 비디오, 코믹 동영상, 간단한 핸드 게임, 안마해 주기, 넌센스 퀴즈 등이 주를 이루고, 간단한 활동을 활용하는 강사들의 프로그램은 시간에 쫓기며 끝내기가 일쑤입니다. 하지만 이제 학습 참가자들의 수준이 높아져서 상투적으로 시간을 보내기 위해서라는 인상을 주게 되면 곧바로 눈치를 챕니다. 액션러닝은 학습 참가자들을 집중하게 만들고, 자신의 참여 활동에 대해 긍정적인 태도를 갖도록 돕습니다. 스팟, 아이스브레이크, 팀빌딩 게임은 학습자들을 더 주도적으로 만드는 매력이 있는 창의적 액션러닝의 창고입니다.

이 책에 소개하는 내용들은 주로 리더십과 코칭, 다양한 교수법에서 학습 참가자들이 재미있어 했던 활동들이며 완성도가 높은 자료들로 구성되어 있습니다.

자, 이제 창의적 액션러닝 교수법의 다양한 자료들을 경험하며 발견해 보시기 바랍니다.

이 책이 나오기까지 많은 분들의 손길과 경험들이 큰 도움이 되었습니다. 대학교육협의회 고등교육연수원에서 2박 3일 과정으로 창의적 강의 기법과 액션러닝 교수법으로 5년 동안 뵈었던 여러 교수님들의 현장 경험을 통한 조언에 감사드립니다. 한국리더십센터에서 2일 집중과정으로 다시 한 번 내용을 다듬으면서 업그레이드해 나갈 수 있었던 것은 좋은 기회였습니다. 교육과학기술부에서 학교운영위원회와 학부모강사님들을 만나면서 깊이와 넓이를 더할 수 있었습니다. 또한 각 시도 교육청과 교육연수원에서 초, 중, 고 선생님들을 만나면서 각 교과목에 따른 교수법을 함께 고민하며 현장을 이해하는 시간들은 참으로 내게는 우연과 행운이 함께하는 최상의 이너게임이었습니다. 늘 좋은 친구 같은 김주현 소장과 조상호 소장에게도 고마움을 전하며, 언제나 초심을 잃지 않게 조언하며 나를 다시 한 번 돌아보게 하는 사랑하는 아내, Sunny의 피드백이 진심으로 감사합니다.

이 책을 읽는 모든 분들에게 세렌디피티의 행운이 함께하시기를 기대합니다.

1부

아이스 브레이크의 이해

아이스브레이크는 강사를 살리고, 강의를 시즈할 때 참가자들과 자신있게 시작하고, 강의 분위기를 살려 나갈 수 있게 합니다. 그렇다면 여러분이 생각하는 아이스브레크는 두엇인가요?

아이스브레이크란 무엇인가?

아이스브레이크에 대한 기본 개념은 다음과 같습니다.

1. 아이스브레이킹

- 얼음 깨기→마음 열기→관계 맺기→대화하기→토론하기로 가는 분위기 업 과정.
- 모임에 처음 참가하여 낯설고 어색해하는 참가자들을 도와주는 액션러닝 게임.
- 사람들 사이의 얼음처럼 차갑고 냉랭한 분위기를 따뜻하고 부드러운 분위기로 만드는 활동.
- 긴장되거나 어수선하고 불편한 관계를 해소시켜 주고 마음을 열어 주는 분위기 조성 게임.

2. 아이스브레이커

- 서먹서먹함을 푸는 것(파티의 게임, 춤 등에서), 붙임성 있는 사람.
- 처음 만난 사람들끼리 서먹서먹함을 없애거나 딱딱한 분위기를 풀어 친밀도를 높이기 위해 하는 활동/사람.

서먹서먹하고 썰렁한 분위기를 확 깨뜨리는 아이스브레이크 게임들은 강사를 살리는 좋은 교수법의 하나입니다. 단순히 지식과 정보를 얻기 위한 학습이 아니라 몸과 몸이 그리고 감정과 감정이 교류되는 체험을 할 수 있는 액션러닝 교수법으로서 아이스브레이킹을 마스터해 보세요. 각종 모임과 연수교육의 첫 시간에는 거의 모든 사람들의 몸과 마음 그리고 생각까지도 굳어 있기 마련입니다. 어떤 사람들은 이때의 긴장과 스트레스가 심각할 정도로 나타나 사람들을 만나고 앞에 나서기를 꺼릴 정도입니다.

또 경험이 풍부한 강사라 할지라도 세미나, 교육연수, 행사 등 각종 미팅에 참여하여 처음 만나는 사람들 속에서, 또는 앞에 나서게 될 때, 여러 사람의 눈길을 받는다는 것에 긴장해 소극적으로 되기 쉽습니다. 이때 진행자나 강사가 억지 유머나 농담을 하면서 분위기를 바꾸어 나가려 해도 쓴웃음만 짓게 되고 분위기는 더 침체되고 썰렁해질 때가 많습니다. 따라서 첫 만남, 첫 모임에서 분위기를 부드럽게 하기 위하여 본 프로그램으로 들어가기 전에 활용하는 다양한 기술들이 필요하게 됩니다.

간단하게는 오리엔테이션이나 자기소개하기, 명함교환하기, 모임에 참가하여 기대사항 나누기 등등의 간단한 프로그램들도 있고, 아이스브레이크Ice-Break라는 전문화된 프로그램도 있습니다. 아이스브레이크는 말 그대로 얼음과 같이 차가운 모임의 분위기를 깨뜨려 모임의 목표를 이루도록 최상의 분위기로 만들어 가는 프로그램을 말합니다.

각종 모임이나 세미나에 참석해 보면 참가자들끼리 서로 모르는 상태에서는 쑥스럽고 어색해 자연스러운 분위기가 형성되지 못하고, 따라서 모임의 효과도 떨어지게 됩니다. 이때 여러가지 활동과 주제를 다루는 내용들을 통해 참가자들의 얼어붙은 마음을 녹여 긍정적으로 활동적으로 바꾸어 나가는 노력이 필요합니다. 이제는 아이스브레이크라는 말이 일반화되어 많은 강사들이 이 아이스브레이크에 많은 시간을 투자하여 모임 분위기를 화기애애하고 부드러운 환경으로 바꾸기 위해 노력합니다. 이런 아이스브레이킹 활동이 프로그램 진행자나 강사가 편안하게 다음 시간들을 이끌어 나가는 데 도움이 되기 때문입니다.

아이스브레이킹은 팀 또는 조별로 2인 이상, 혹은 팀원 모두가 참가하여 상대방을 이해하고 나를 이해시킴으로써 닫힌 마음의 문을 열어, 열린 마음으로, 능동적으로 교육에 참여하게 하는 상호이해 프로그램입니다.

세미나나 워크숍, 캠프 등에서 첫째 날에 인간관계 훈련을 활용한 프로그램들을 주로 도입하여 실시하고 있습니다. 팀빌딩 Team building이나 팀워크 Team work는 목적이나 내용이 비슷하지만 아이스브레이킹은 팀빌딩을 위한 기초가 되므로 주로 상호이해의 증진에 목적을 두어 1990년대 초반부터 기업에서 산업교육 진행시 모든 모임의 초반에 도입하여 실행해 왔습니다. 이젠 학교, 사회 단체, 교회 모임에서도 첫 시간을 아이스브레이크로 시작을 하고 있습니다.

아이스브레이크는 게임 활동 자체에 의미를 부여할 수도 있지만, 참가자들의 마음을 이완시키고 프로그램을 자발적으로 참여하고 실행할 수 있는 분위기를 만드는 데 큰 역할을 합니다. 이 첫 시간의 경험에 의해 참가자들은 그 모임과 프로그램 전체를 가늠하기도 하고 평가를 내리기도 하며, 전체 프로그램과 강사에 대한 이미지를 갖기도 합니다. 그래서 아이스브레이크는 모든 강의, 활동 프로그램, 워크숍, 세미나의 첫인상입니다.

전체 프로그램의 이미지 메이킹이라 해도 과언이 아닐 정도로 중요한 것이 바로 아이스브레이크입니다. 당신이 주관하는 모임의 성격이나 상황에 따라 모든 참가자들의 단합을 유도하고 또 그들의 마음을 열어 발산시킬 수 있는 프로그램을 준비하십시오. 인원이 많을 때는 팀 게임이나 팀 파워 같은 내용의 프로그램이 좋고, 50명 이하의 규모는 아기자기한 분위기와 친밀감을 높이는 단순하고 간단한 게임과 액티비티로 진행하는 것이 효과적입니다.

이런 아이스브레이크 참여 시간을 통해 참가자들은 친밀감을 높이며 다른 참가자들과의 관계가 신속하게 발전되어 마음을 활짝 열어 가게 됩니다.

2
10인 10색의 아이스브레이킹

사람들은 언제 긴장과 어색함을 깨고, 즐거운 마음으로 생활하나요? 당신은 무엇을 할 때 가장 행복하고 건강하며 마음에 조화로움을 느끼는지요?

필자는 강의 날짜를 받으면 소풍 날짜를 받은 것처럼 가족들과 함께 강의 장소로 함께 떠날 때가 종종 있습니다. (물론 대부분 리더십이나 교수법과정으로 숙박 프로그램인 경우죠.)

어느 날 강의하러 가는 차 안에서 아내에게 언제 가장 집중력이 뛰어나고 무엇을 할 때 즐겁고 기쁘게 활동하느냐고 물었더니, 바로 대답이 돌아왔습니다.

"나? 쇼핑할 때!"

사람마다 자신이 몰입할 수 있는 행복함과 즐거운 활동들이 있습니다. 그러면 강의에 참석한 학습자들은 언제 무엇을 할 때 집중력이 올라가고 몰입하여 즐겁게 활동하게 될까요?

나는 강의와 일터를 떠난 일상생활 속에서 언제, 어디서, 누구와 함께, 무엇으로, 어떻게 아이스브레이킹이 되는가?

창의적 액션러닝 교수법에 참석한 강사, 교수들에게 브레인스토밍을 해보았습니다. 그때 나온 여러 가지 이야기들을 토대로 여러분과 함께 생각해 보는 시간을 갖고자 합니다.

"당신은 언제 아이스브레이킹 되는지요?'

즉, 언제, 어디서, 어떤 상황에서, 누구와 왜 긴장감을 풀고 마음을 열며 상대방과 자연스럽게 상호교류를 하고 재미있고 즐겁게 웃으며 개인의 목표나 공동의 목표를 위해 적극적으로 참여하여 활동하게 됩니까? 이 물음에 수많은 강사, 교사, 교수들과 함께한 브레인스토밍을 정리하여 기록한 내용들을 살펴보시기 바랍니다. 여러분도 동의하시는지요?

영화를 볼 때와 여행할 때가 가장 많이 언급되었고, 그 밖에도 여러가지 상황들이 나왔습니다.

- 명상수련할 때
- 책을 볼 때, 등산할 때
- 긴장감을 전혀 느끼지 않아도 되는 편안한 사람들과 만나서 맥주잔을 앞에 두고 눈치 보지 않고 즐겁게 이야기할 때
- 가족들과 맛있는 음식을 만들어 먹고 놀 때
- 해외여행에서 새로운 것을 보았을 때
- 사우나에서 마사지 받을 때
- 백화점에서 쇼핑하다가 원하는 상품을 찾았을 때
- 좋은 책을 읽고 가르침을 받고 깨달았을 때
- 3년, 5년 후의 인생을 계획할 때
- 싸고 예쁜 물건을 사러 다닐 때
- 예쁘고 깜찍한 펜 등의 문구류를 살 때

- 플래너(다이어리)를 정리하면서 일상생활을 뒤돌아볼 때
- 양재천에서 달리기할 때
- 맛있고 달콤한 것(케이크, 초콜릿)을 먹을 때
- 노래방에 갔다 왔을 때
- 책을 읽다가 번뜩이는 아이디어가 떠오를 때
- 메신저를 할 때
- 좋아하는 음악을 들을 때
- 좋아하는 사람들과 수다를 떨 때
- 미용실 다녀온 후
- 강의 끝났을 때
- 낮잠을 자고 일어났을 때
- 아이를 친정에 맡기고 휴가를 받았을 때
- 바둑 둘 때(혹은 장기 둘 때)
- 운동할 때(축구, 태권도, 유도, 농구)
- 여행하며 새로운 곳을 방문할 때
- 출근길에 파란 하늘을 볼 때
- 엄마와 대화를 나눌 때
- 새로운 일을 시작할 때
- 좋은 친구를 만날 때
- 극장에서 혹은 DVD로 영화를 관람할 때
- 오랜만에 텔레비전을 시청할 때
- 골프장의 넓은 그린을 밟고 걸을 때
- 운동 후 찜질 방에서 영화를 볼 때
- 한강에서 돗자리 깔고 바람 쐴 때

- 콘서트에 가서 화끈하게 발산할 때
- 자전거 하이킹할 때
- 자연 휴양림에 묵으며 삼림욕할 때
- 종이비행기를 만들어 날릴 때

우리 삶에서 아이스브레이킹이 되는 상황은 사람마다 다릅니다. 중요한 것은 위에 나온 내용들을 어떻게 우리의 모임이나 강의 상황에서 활용할 수 있을지를 고민하는 것입니다. 실제로 일상의 경험에서 좋았던 경험이나 생각들을 강의나 모임 중에 끌어와 사용하는 것들이 많습니다. 강사들 개개인의 경험에 따라 동영상 시청이나, 대화와 토론을 통한 교육, 신체활동을 통한 발산(스포츠, 명상 기법), MP3 음악이나 뮤직비디오 상영과 함께 노래 부르기, 스트레칭, 안마, 플립차트에 모은 아이디어 아이쇼핑 등등 다양한 방법을 강의에 사용하고 있는 강사들이 많습니다. 어떻게 하면 더 좋은 스팟팅과 아이스브레이킹을 위해서 새롭고 창의적인 방법들을 끌어낼 수 있을지를 고민하는 것이야말로 강의에 참석한 학습자들에게 창의적인 강의 기법을 통한 최상의 경험을 가지고 돌아가게 해야 할 우리의 과제입니다.

최근에 모 대학의 교수학습센터 주체로 진행한 교수 대상 액션러닝 교수법과정에서 브레인스토밍한 내용을 소개합니다. 효과적으로 강의를 진행하기 위한 아이스브레이킹 기법입니다. 졸업한 선배의 취업 스토리, 간호과의 인생 경험담, 전공과 관련된 신문기사 활용하여 수업 시작하기, 학과 취업사례, 기러기 V자 대형 스토리텔링, 핸드폰 활용, 질문 참여 게임, 학점설명(중요성 및 졸업생 소개), 오늘의 주요 뉴스 오늘이 무슨 날이지?(오프닝), 아프리카 난민 경험 공유, 카드 게임, 칸 광고제 입상작 동영상 활용, 인터뷰, 롤 플레이, 기타 등으로 강의에 활용하고 있다고 말합니다.

   여러분은 어떤 것들을 어떻게 활용하고 있는지요?

3
성공적인 아이스브레이커를 위한 조언

당신이 지점장이나 관리자, 혹은 트레이너, 팀장이라면 계속해서 팀이나 조직의 구성원들로 하여금 더 재미있고 더 행복하게 일할 수 있는 기회를 만들어 나가야 할 필요성에 직면하게 됩니다.(물론 고객들 앞에 나서기 전에 하루를 활차게 시작하기 위해 직원들의 마음을 즐겁게 서비스하도록 아이스브레이킹 시켜야 하는 모든 서비스 리더들에게도 마찬가지입니다.)

이 책을 통한 필자의 목표는 당신이 효과적인 리더가 되는 데 필요하고 가치 있는 조언을 해주는 것입니다.(당신이 수업을 이끄는 강의실 리더든, 아침 조회를 즐겁게 진행하는 서비스 리더든, 직무 교육과 리더십을 교육하는 강사든, 어떤 모임을 성공적으로 이끌어 가기를 원하는 진행자든) 사람들은 다양한 자극을 통하여 일하기 위한 동기부여를 받습니다. 보상, 승인, 돈, 두려움, 경쟁, 기타 등등입니다. 그러나 진실로 건강하고 생산적인 작업 환경은 다른 동기부여를 낳습니다. 자기실현입니다. 사람들은 새로운 것을 배우고, 그들의 기술을 개발시키고, 이전의 성취를 능가하는 것을 좋아합니다. 그것은 본질적으로 가치 있는 인간 경험이기 때문입니다. 발견과 발전을 통해 오는 열정은 청소년기에 끝나지 않습니다. 성인 학습자들도 어린이만큼이나 '무엇인가 새로운 것 하기'를 좋아합니다. 그들에게는 지금 새롭고 다른 종류의 게임이 필요한 것입니다.

이 책에는 당신이 사용할 수 있는 다양한 기법들이 각 강의 상황과 주제에 따라 펼쳐져 있습니다. 혼자 할 수 있는 활동부터, 좀 더 강력한 팀과 소그룹을 깨우기 위한 준비 단계로서의 아이스브레이크, 혹은 다른 사람과 그룹핑을 하면서 포괄적인 팀 활성화 이벤트를 구성하기 위한 아이스브레이크 기법들이 소개되고 있습니다.

아이스브레이크를 위한 시간을 따로 구분할 필요는 없습니다. 당신은 이 게임들을 스텝 미팅, 금요일 오후 브레인스토밍 그룹, 도시락을 싸오는 점심시간, 회의 그리고 당신이 적절하다고 보는 어느 시간, 어디서든지 할 수 있습니다. (물론 팀원들을 위한 시간을 따로 계획할 수 있다면 최상이겠지요.)

이 아이스브레이크 게임 중 일부는 평상시와 다름 없는 일상의 자리에서 자연스럽게 아이스브레이킹이 되도록 계획된 것들도 있습니다. 아이스브레이크는 시간과 장소에 관계없이 언제, 어디서나, 누구에게든 필요한 것이기 때문입니다.

성공적인 아이스브레이커의 목표는 다음과 같습니다.

1. 의미 있는 학습이나 팀의 목표를 성취하는 동안에 즐거운 요소를 더해준다.
2. 참가자들이 최선을 다해 일하도록 영감을 불어넣고 안내한다.
3. 참가자들의 창조성, 혁신, 그리고 발견의 기쁨을 도출한다. (혹은 최대한 활용한다.)
4. 긍정적이고, 통일된, 그리고 즐겁고 재미있는 작업 환경을 창조한다.

5 참가자들의 성격, 가치, 동기, 그리고 감춰진 재능 속에 가치 있는 통찰력을 얻는다.
6 참가자 자신의 재치 있는 아이디어와 리더십 스타일을 개발한다.

물론, 이 책 한 권이 위에 언급한 모든 목표들을 성취하기 위해서 필요한 유일한 것은 아닙니다. 그러나 당신의 모임과 학습을 의해 최상의 경험과 최고의 성과를 만들어 주는 아이스브레이크 캡슐이 될 것입니다.

그럼, 당신에게 세렌디피티의 행운이 있기를 기대합니다!

이 책을 성공적으로
사용하는 방법

이 책은 아이스브레이크의 8개 영역(I.C.E.B.R.E.A.K)에서 101개의 게임을 소개합니다. 각 게임은 전달하기에 쉽고 간단하게 구성되어 있습니다.

성공적인 아이스브레이크를 위한 팁

1. 각 아이스브레이크 게임을 활용하기 전에 활동 하나하나에 대해 철저히 검토 시간을 가져야 합니다. 당신이 각 게임의 목표와 흐름, 성격을 잘 이해할수록 당신의 학습모임과 조직은 더 성공적이 될 것입니다.

2. 이것들이 게임이라는 것을 명심해야 합니다. 당신이 유쾌하고 즐거운 마음으로 열정적인 자세를 유지한다면, 학습 참가자들이 편안함과 동기부여를 얻게 될 것입니다.

3. 가능할 때마다 이 게임들이 당신의 팀과 조직에서 각 참가자의 위치Position나 상황에 맞는 이슈의 실례가 되도록 접목시키고 의미부여를 하십시오. 이런 학습경험은 참가자들이 배운 것을 그들의 작업 환경에 옮기도록 도울 것입니다.

4. 가르치기보다는 실제 역할을 해보세요. 가장 효과적인 학습은 당신이

참가자들을 올바른 방향으로 인도하고 그들 자신이 발견하도록 만들 때 일어납니다.

5 게임을 참가자들의 분위기와 문화에 적응시켜 보세요. 만약 그들이 작은 상(선물이나 다양한 액세서리 같은)에 잘 반응한다면, 그 상을 게임의 결론에 대한 보상으로 사용하십시오. 만약 참가자들의 즐거움과 팀워크를 유발하기 위해 경쟁을 필요로 한다면, 신뢰를 잃지 않는 범위 내에서 경쟁을 게임의 일부로 활용할 수도 있습니다.

대부분의 아이스브레이크 게임 활동들은 실제적인 토의와 검토를 통해 더 효과적으로 활용할 수 있습니다. 아이스브레이드 게임을 실행한 후에 참가자들의 반응 및 학습 분위기의 변화를 보고서로 작성해 둡시다. 연습과 검토의 액션플랜을 통해 참가자들이 배우고 느끼는 것들을 잘 기록하고 평가하여 남겨 놓는다면 당신은 성공적인 아이스브레이크 마스터가 될 것입니다.

2부

아이스
브레이커
되기

아이스브레이크에는 어떤 요소들이 있을까요? 짧은 시간(3~9분) 안에 경직되고 긴장된 모임의 분위기를 깨뜨리고 부드럽게 만들어 참가자들의 마음을 여는 것이라 할 수 있는 "I.C.E.B.R.E.A.K"라는 단어가 가지고 있는 8가지 영역을 통해 어떻게 강사를 살리는 활발한 강의 분위기를 만들어 갈 수 있는지 아이스브레이크의 핵심 요소들을 배워 봅시다.

Icebreak
Interaction

▼
▲

상호작용으로 네트워킹을 촉진하라

아이스브레이크는 1990년대 초반에 각 기업들이 교육을 진행할 때, 상호이해의 증진을 목적으로 시작되었습니다. 즉, 진행자가 혼자서 모든 것을 이끌어 가는 것이 아니라, 진행자와 참가자, 그리고 참가자와 참가자 사이에도 어떠한 작용이 일어나야 한다는 것입니다. 개개인에게 즐거움과 만족감을 주는 것도 중요하겠지만, 참가자들 사이에 의사소통과 감정의 교류가 일어나는 것이 더욱 중요하기 때문입니다.

지금 우리의 학습 문화와 개개인의 환경은 자신이 속한 모임에서 다른 사람들을 알아 가는 데 적극적으로 다가서고 정직하게 자기를 표현하는 용기가 필요한 시대입니다. 강의나 모임의 주요 내용을 시작하기 전에 내가 누구인지, 함께하는 사람들이 어떤 사람들인지, 그리고 무엇을 위해 모였는지, 이런 것들을 자연스럽게 알아 가며 상호교류 하는 것이 아이스브레이크에서 중요한 목표입니다.

자기소개를 위한
진진가 眞眞假

당신이 그토록 원하던 회사에 최종 면접을 남겨 놓고 있다고 가정해 봅니다. 드디어 면접관들을 만났습니다. 면접 문제는 간단합니다.

"당신 자신을 세 개의 문장으로 표현해 보세요."

이때 당신은 뭐라고 자신을 소개하겠습니까? 아마도 평범하고 뻔한 이야기는 하지 않겠지요.

여기 '진짜', '진짜', '가짜'의 앞 음절을 딴 '진진가'라는 게임이 있습니다. 당신 자신을 사람들에게 소개하는 게임인데, 두 문장은 진짜이고 나머지 한 문장은 가짜를 말해야 합니다.

개요 모임의 첫 시간에 서로를 잘 알지 못하는 참가자를 대상으로 수수께끼를 맞히듯이 개인에 관련한 진짜와 가짜 사실들을 생각해 보면서 적절한 자기소개가 되도록 합니다. 진진가는 서로에 대한 호기심과 관심을 이끌어 내어 쉽게 친밀감을 만들 수 있습니다. 참가자들을 자연스럽게 열린 마음 Open mind 을 갖게 하면서 선입견을 깨는 아이스브레이킹 게임입니다.

목적 자기소개하기, 커뮤니케이션을 통한 편견 깨기와 참가자들의 공통점과 차이점을 알게 합니다.

시간 최대 9분

인원 각 팀 5~7명 이내

재료 첨부자료

진행 방법

1. 각 팀별로 참가자들은 서로의 얼굴이 보이게 둥글게 앉습니다.
2. 자신과 관련된 진짜 사실 2가지와 가짜 정보 1가지를 적게 합니다.
3. 한 사람씩 일어나서 자신의 이름, 소속을 간단히 말한 다음, 준비한 3가지 사실을 말합니다. 이때 다른 사람들은 3가지 정보 중 그 사람에 대한 가짜 정보가 무엇인지 찾아내어 자신의 노트에 번호를 적습니다.
4. 참석한 모든 사람이 자신의 3가지 정보를 모두 읽었으면 처음 읽었던 사람의 것부터 무엇이 진짜고 몇 번이 가짜 정보인지 다른 사람들이 맞히게 합니다. 그다음에 당사자가 어떤 것이 정말로 틀린 정보인지 설명하면서 말하게 합니다.
5. 자신에 관련된 정보는 성격, 특기, 취미, (자신이 살아오면서 겪은) 경험담, 사건 사고, 가족, 건강, 공부, 결혼, 직장, 신앙 등 어떤 것이든 자신과 관련지어 설명할 수 있으면 됩니다.

TIP 1

- 사람들은 다른 사람들에게 자신을 알리고 싶어 하는 본성이 있습니다. 자신이 누구인지 알리고 인정받고 싶어 하는 본능은 다른 사람에 대한 호기심과 함께 매우 강력한 동기 유발 요소이지요. 이 진진가 게임이 진행된 후에 팀 내에는 자연스럽고 부드러운 교제권이 형성될 것입니다.
- 각 참가 팀에서 참가자 개개인이 3가지 정보를 기록할 때, 명백하고 뻔한 사실이나 추상적인 것은 적지 않도록 해야 합니다. (예를 들면, 나는 남자다. 나는 전생에 ○○이었을 것이다.)

TIP 2

- 각 팀별로 서로를 알아 가는 시간을 가지며 분위기가 부드러워지면 진행자는 마무리를 하면서 이 진진가를 다른 방법으로 활용할 수 있습니다.
  - 우리 팀원들 중에 진짜, 가짜를 모두 맞힌 사람은 누구인가?
  - 반대로 한 명도 맞히지 못하고 다 틀린 답을 말한 사람은 누구인가? 다른 사람이 자신을 소개할 때, 공감적인 경청을 한다면 그 사람을 더 많이 알아 가는 시간이 될 수 있을 것입니다. 그러나 건성으로 듣고 다른 사람의 이야기를 듣는 태도에 문제가 있다면 관심도 떨어져 팀원들의 진짜, 가짜를 구분해 내는 직감도 떨어지게 될 것입니다.
- 팀별 대항 진진가로 진행할 수 있습니다. 모든 팀이 마무리가 되면 이번에는 각 팀별로 대화를 나누면서 정말 놀랍고, 많은 웃음을 주었던 사실이나, 팀원 전체가 맞히지 못했던 상황이 연출되었다면 그런 사

람을 한 명씩 추천하여 팀별 진진가를 하는 것입니다. 한 팀이 진진가를 읽으면 다른 팀들이 손가락을 들어 1, 2, 3번 중 어떤 것이 가짜인지 팀별로 의견을 통일하여 정답을 맞히는 것입니다. 팀별 진진가를 통하여 전체가 선의의 경쟁을 할 수 있는 재미도 있습니다.

첨부자료

진진가(眞眞假)

1. 나는 축구선수였다 (진짜True)
2. 나는 매일 책 1권을 읽는다 (진짜True)
3. 나는 세계여행을 통해 50개국 이상을 다녔다 (가짜False)

모여 있는 팀원들끼리 어떤 말이 가짜인지 찾아 맞혀 보기

1. 이름 :   의 틀린 답은   번째 이야기다.
2. 이름 :   의 틀린 답은   번째 이야기다.
3. 이름 :   의 틀린 답은   번째 이야기다.
4. 이름 :   의 틀린 답은   번째 이야기다.
5. 이름 :   의 틀린 답은   번째 이야기다.
6. 이름 :   의 틀린 답은   번째 이야기다.
7. 이름 :   의 틀린 답은   번째 이야기다.

다음은 참가자들이 자신을 알리고 사람들에게 깊은 인상을 남기기 위해 사용한 문장들입니다.

- 나는 방위병 출신이다.
- 나는 차를 두고 도망간 적이 있다.
- 나는 최근에 20대 여성에게 사랑을 고백 받은 적이 있다.
- 나는 거미를 가장 무서워한다.
- 나는 박사과정을 수료한 공학도다.
- 나는 자격증을 30개 이상 가지고 있다.
- 나는 이력서를 내는 것이 취미다.
- 나는 학교 다닐 때 4년 동안 장학금을 받았다.
- 나는 몸에 좋다는 모든 보신 종류를 즐겨 먹는다.
- 나는 지금까지 맞선을 50번도 넘게 봤다.

TIP 3

- 팀 운영을 위한 팀 리더(조장)를 선출하는 다양한 아이디어를 모아 봅니다. 팀 경쟁 프로그램이나 팀 토의를 이끌어 가는 데 자발적으로 팀을 위해 수고하는 리더를 가진 팀은 최고의 학습 환경을 만들어 냅니다. 주인의식을 강화시키며 파트너십으로 참가자들의 적극적이고 자연스러운 참여를 끌어낼 수 있는 아이스브레이킹 중 하나가 팀 리더 선출 방법입니다.

- 어떤 방법으로 팀원 전체가 돌아가면서 리더 역할을 하게 할 수 있을까요? 그리고 어떤 방법으로 팀원들끼리 대화하고 웃는 좋은 분위기 속에서 리더로 자신을 인정하고 편안하고 재미있게 퍼스널 리더십을 발휘하게 할 수 있을까요? 이 질문은 강의를 하거나 모임을 이끌어 가는 사람들에게는 스팟, 아이스브레이크를 성공적으로 완성시키는 데 있어 매우 중요한 과제입니다.

강사 혼자서 그 많은 사람들과 그룹들을 다 보살피며, 참여와 집중력을 높이기는 어렵습니다. 그래서 강사들은 자연스럽게 참가자들 중에서 몇몇 중간 리더들을 선택하여 강의와 모임 중에 보조 역할을 부여할 수 있습니다. 자신의 강의 속에서 소그룹이나 팀을 이끌어 가도록 역할분담을 하는 것이지요. 다음에 나오는 예를 참고로 활용해 보면서 더 좋은 아이디어들을 계속 모아 보세요.

제가 강의 중에 스팟, 아이스브레이크를 운영하면서 사용한 팀 리더를 선출하는 방법들입니다.

- 오늘을 기준으로 생일이 가장 가까운 날짜인 사람
- 직급이 가장 높은 사람
- 강의장을 중심으로 가장 멀리 사는 사람
- 가장 가까운 곳에 사는 사람
- 가장 최근에 영화를 관람한 사람
- 결혼생활을 가장 오래 한 사람
- 결혼생활을 가장 짧게 한 사람(미혼은 나이가 가장 어린 사람)
- 주머니에 동전이 가장 많이 있는 사람
- 부모가 가장 먼 곳에 살고 있는 사람
- 생일이 가장 빠른 사람
- 몸에 빨간색을 가장 많이 가지고 있는 사람
- 액세서리를 가장 많이 하고 있는 사람
- 가장 많은 색깔의 옷을 입고 있는 사람(관심을 가지고 서로를 살펴본다)
- 각 팀별로 최고의 리더라고 생각하는 사람(오른쪽 또는 왼쪽)
- 팀을 위해 수고할 팀 리더를 자원해서 한 명 일어나게 한다(팀 리더를 지정할 권한을 준다)

- 함께 생활하는 가족구성원 수
- 살고 있는 집이 가장 높은 층인 사람
- 해외여행에서 가장 먼 곳을 다녀온 사람
- 안경을 착용한 사람(중에서도 가장 오랜 기간 착용한 사람)
- 휴식시간 후에 가장 자리에 늦은 사람(일찍일찍 들어와서 앉기 시작한다)
- 혈액형(혈액형이 무엇인지 물어보게 한다)

2
슈퍼스타, Interview!
인터뷰 게임

개요　인터뷰 형식이라는 아이스브레이크 프로그램을 통해 강의나 모임에서 함께 앉아 가장 가깝게 시간을 보내게 될 파트너와 서로를 알아 가는 시간을 가지며 대화하게 합니다.

진행 방법

1. 가위바위보를 통하여 이긴 사람이 인터뷰를 먼저 시작합니다. (한 사람의 인터뷰가 끝나면 서로 바꾸어서 인터뷰를 완성한다.) 주어진 7개의 문항을 가지고 나의 파트너가 어떤 사람인지, 가족관계와 자신의 자부심과 성취감에 대해서 살펴볼 수 있는 시간을 가지게 합니다.
2. 7개의 문항을 인터뷰하는 데 약 7분 정도의 시간을 줍니다. 이때 파트너의 진술 내용을 잘 메모하면서 인터뷰를 이끌어 가야 합니다.
3. 인터뷰한 내용을 가지고 전체 혹은 소그룹으로 소개하는 시간에 자신의 파트너를 소개하는 시간을 갖습니다. 한 사람당 1분 정도의 소개 시간만 주어도 충분합니다.

> **TIP**

- 한 번에 다 소개할 수도 있고, 한 팀씩 모임 중간 중간에 소개하며 아이스브레이크를 할 수도 있습니다. 이 프로그램의 장점은 자기소개를 자신이 하지 않고 인터뷰한 파트너가 한다는 데 묘미가 있습니다. 이 아이스브레이크 게임은 짧은 시간에 파트너와 모임의 분위기를 즉시 상호교류로 전환하는 강점이 있습니다.
- 참가자들의 자부심을 살펴볼 수 있는 게임이라고 생각합니다. 자신의 이름, 살고 있는 동네, 자신이 현재까지 이루어 온 성취들, 추억과 여행들에 대해 어떤 태도를 가지고 있는지 살펴볼 수 있습니다
- 인터뷰 문항수와 내용은 진행자의 의도와 모임의 성격에 따라 적절히 바꾸어 활용할 수 있습니다. 강의시간에 따라 문항을 3개부터 숙박 프로그램의 경우 7개 정도까지 활용할 수 있습니다.

다음은 인터뷰 게임 내용으로 활용할 수 있는 질문의 예시입니다.

- 가장 많이 불린 별명과 그 이유는?
- 좋아하는 동물과 이유는?
- 좋아하는 자동차와 이유는?
- 인상 깊었던 여행지와 이유는?
- 나중에 죽어서 가장 만나 보고 싶은 사람은 누구인가?
- 놓칠 수 없는 나의 꿈 No.1은?
- 본인이 생각하는 명언 한마디를 꼽으라면?
- 현재의 직업은 무엇이고 바꿀 수 있다면 어떤 직업으로 바꾸고 싶은가?
- 기존에 나와 있는 책 중에 저자의 이름을 나의 이름으로 바꾸고 싶은 책은?

- 꼭 사고 싶은 것 Best 3은?
- 꼭 되어 보고 싶은 존재는?

Interview
나는 이런 사람입니다.

1. 당신의 이름은 무엇입니까? 어떤 특별한 의미가 있습니까?
2. 현재 살고 있는 곳은 어디입니까? 그 장소에 대한 특징이나 자랑거리는 무엇입니까?
3. 당신의 가족에 대해 소개하면?
4. 지금까지 살아오면서 가장 큰 성취라고 생각하는 것은?
5. 당신에게 가장 잘 어울리는 자동차 하나를 고른다면? 왜 그렇다고 생각하십니까?
6. 가장 기억에 남는 휴가나 여행은?
7. 자신의 직업을 소개하고, 감동과 영향을 준 책 한 권을 꼽는다면?

● 토의사항

- 강의를 함께 듣고 잠깐 이야기를 나눈 파트너에 대하여 얼마나 잘 안다는 느낌이 듭니까?
- 10분 동안의 대화가 즐거웠습니까?
- 당신의 직장 동료 중 이 정도로 아는 사람이 얼마나 있습니까?
- 당신의 친구나 오랜 직장 동료 중에 오늘 당신의 파트너보다 잘 모르는 사람이 있습니까? 있다면 그 이유는 무엇입니까?
- 대부분 우리는 직장동료와 이러한 10분조차 갖지 않는다는 것이 이상하지 않으십니까? 그 이유는 무엇일까요?

이 7가지 문항의 내용은 모임의 성격에 따라 수정이 가능하며 자세히 설명하지 않으면 한 사람이 독점하여 모든 시간을 사용하는 결과가 나올 수 있습니다. 그러므로 각각이 꼭 사용할 수 있는 시간이 몇 분인지 서로를 알아 가는 인터뷰 게임이라는 것을 강조하고 일방적인 취조가 되지 않도록 잘 진행하면 멋진 오프닝 아이스브레이크가 될 수 있습니다.

3
이런 사람 어디 없어요?
인간 빙고 게임

개요 모임의 첫 시간에 참석한 모든 사람들을 자연스럽게 만나게 하는 아이스브레이크 게임입니다. 옆에 앉은 파트너나 팀끼리 아이스브레이크가 필요하기도 하지만 모임의 목적이나 진행상 전체가 짧은 시간에 상호교류가 일어나도록 분위기를 조성해야 할 때, '인간 빙고 게임'은 훌륭한 활동입니다. 아래 있는 내용을 인원수에 맞게 빙고 용지에 기록하여 참가자들이 돌아다니며 빈칸을 채워 갑니다.

첨부자료

- 외국어 회화가 가능한 사람
- 마라톤(42,195Km)을 완주한 사람
- 오락으로 밤을 지새운 적이 있을 것 같은 사람
- 시(詩)를 외우는 사람
- 낚시꾼이라고 생각하는 사람
- 최근 1주일 내에 영화를 본 사람
- 아버지를 존경하는 사람
- 해외여행(중동, 아프리카, 중앙아시아) 경험이 있는 사람
- 현재 함께 사는 식구가 7명 이상인 사람
- 몸에 큰 수술을 한 흔적이 있는 사람
- 최근에 한숨도 안 자고 밤새도록 책을 읽은 사람
- 악기를 다룰 줄 아는 사람
- 정말로 수영을 잘하는 사람
- 현재 열애 중인 사람
- 인라인 스케이트를 즐겨 타는 사람
- 수집 중독 경험이 있는 사람
- 최근 6개월 내 이력서가 바뀐 사람
- 행운의 부적 같은 것을 가지고 다니는 사람
- 섬 여행에 전문가인 사람
- 경비행기를 타 본 사람
- 책을 출판한 경험이 있는 사람
- 통장계좌가 7개 이상인 사람
- 별장/펜션/리조트를 가지고 있는 사람
- 자녀와 함께 1박 2일 이상 캠프에 참가해 본 사람
- 지진/홍수/화재 등의 재난을 직접 경험해 본 사람

진행 방법

1 A4용지에 25~50명 정도까지 아래와 같이 표를 만들어 각각의 칸에 해당하는 사람들을 찾아 정확한 서명Sign을 받게 합니다. (서명은 이름을 적게 해야 나중에 확인이 가능합니다.) 약 7분에서 10분 정도면 충분히 참석한 전체를 가볍게 인터뷰하며 만나게 되고 인상 깊었던 기억에 남는 사람들도 있게 됩니다. 주요 내용을 시작하기 전에 아주 짧은 시간이 지만 정말 다양한 경험을 가진 재미있는 리더들을 자연스럽게 만나게 되는 아이스브레이크 시간이 만들어집니다.

2 가장 먼저 사인 받기가 끝난 사람에게 상품을 시상하기로 약속을 하면 참가자들의 행동이 전체적으로 역동적이고 열정적으로 참여하는 분위기가 연출됩니다.

3 빙고 게임은 X빙고, ㄱ빙고, ㅁ빙고 등으로 사람들의 이름을 지워가며 게임을 시작합니다. 한 게임에 하나의 빙고 방법을 정하고 시작해야 합니다. (이번에는 X빙고로 하겠습니다.)

4 먼저 진행자(강사)가 한 사람(책을 출판한 사람)의 이름을 부르면, 그 사람은 일어나서 자신이 언제, 어떤 책을 출판했는지 이야기하고 자신의 빙고 게임에 유리한 방향으로 지워 가며 다음 사람의 이름을 부르고 앉습니다. (최근 1주일 사이에 영화를 본 사람.)

5 이렇게 전체 소개를 하면서 자신이 서명 받은 것을 지워 가며 게임도 하고 서로를 알아 가는 활동 게임입니다.

6 표 안에 들어갈 내용은 참가 대상이나 활용할 단체의 특성과 회사, 지역의 장점들을 내용으로 활용해도 좋은 아이스브레이크 게임이 될 수 있습니다.

외국어 회화 가능한 사람	마라톤 (42.195Km)을 완주한 사람	오락으로 밭을 지새운 적이 있는 사람	시(詩)를 외우는 사람	낚시꾼이라고 생각하는 사람
현재 함께 살고 있는 식구가 7명 이상인 사람	수집 중독 경험이 있는 사람	최근 6개월 내 이력서가 바뀐 사람	섬 여행에 전문가인 사람	최근 1주일 내에 영화를 본 사람
정말로 수영을 잘하는 사람	아버지를 존경하는 사람	별장/펜션/ 리조트를 가지고 있는 사람	행운의 부적 같은 것을 가지고 다니는 사람	책을 출판한 경험이 있는 사람
현재 열애 중인 사람	최근에 한숨도 안 자고 밤새도록 책을 읽은 사람	지진/홍수/ 화재 등의 재난을 직접 경험해 본 사람	해외여행 (중동/아프리카/ 중앙아시아) 경험이 있는 사람	인라인 스케이트를 즐겨 타는 사람
악기를 다룰 줄 아는 사람	몸에 큰 수술을 한 흔적이 있는 사람	경비행기를 타 본 사람	자녀와 함께 1박 2일 이상의 캠프에 참가해 본 사람	통장 계좌가 7개 이상인 사람

그림으로
자기소개하기

개요   첫 모임이나 프로그램 진행 중 새로운 팀이 형성되면 가장 먼저 자기소개를 하게 됩니다. 그런데 형식적으로 인사를 해서인지 이름이나 상대에 대한 이미지, 정확한 직업 등등에 대해 기억조차 남지 않아 오랜 시간이 지나야 조금 친숙하게 됩니다. 그림을 통한 자기소개는 약간의 노력으로 우리가 보통으로 소개하는 방법보다 짧은 시간에 참여도와 기대감을 가지게 하며 말로는 다 소개할 수 없는 부분까지도 그림 속에 그려 넣어 시각적으로 의미전달을 할 수도 있습니다.

목적   구체적으로 기억에 남는 자기소개하기

인원   팀별로(6~10명으로 가능하면 짝수로) 편성하는 것이 좋습니다.

시간   9분 정도(그림 그리기에 5분 정도, 자기소개에 2분 정도 사용)

준비물   도화지, A4용지, 크레파스나 색연필(6~10색)

진행 방법

1. 각 팀마다 둥글게 둘러앉아 배부 받은 종이와 크레용으로 자기를 소개하기 위한 그림을 그리도록 합니다. (그림을 잘 그리고 못 그리는 것은 문제가 되지 않는다고 적절한 안내를 해야 합니다.)
2. 그림을 다 그린 후 팀원들에게 보이고 난 후 자신과 대각선 맞은편에 있는 사람에게 다음과 같은 2~3가지 질문을 합니다.
"이 그림을 보면서 나에 대해 무엇을 느낄 수 있습니까?", "이 그림은 무엇을 말하고 있습니까?", "이 그림의 완성은 어떻게 하면 좋겠습니까?"—아이디어, 상상력 제안
3. 맞은편 사람이 한 말을 이어서 "예, 그 말이 맞습니다.", "이 그림에는 사실 이런 의미가 있어요.", "제가 이 그림을 그린 의도는……." 등의 적당한 멘트를 하면서 자기가 그린 그림을 보여 주며 자기소개를 합니다. 직업, 취미, 과거 경험, 현재, 미래, 가족, 신앙, 내면의 세계까지 표현 가능한 활동입니다.
4. 기타 다른 팀원들의 질문이나 느낀 점을 통하여 더 깊은 이해를 할 수 있습니다.

TIP

- 그림을 그리는 일은 동심으로 들어간 분위기를 연출할 수도 있으나 어떤 사람에게는 그림 그리기가 부담일 수 있습니다. 먼저 진행자가 동화적이거나 만화적인 분위기의 그림을 가볍게 그려 칠판이나 벽에 샘플로 붙여 놓으면 좋습니다. 선을 이용한 도형(□ ○ ◇ △ ♧ ♤) 들을 가지고 간단히 그려도 괜찮습니다. 옆에 글씨와 숫자를 보충하여 설명하면 더욱 좋겠지요.

5
몸짓으로 자기소개하기

개요 자기소개를 말이 아닌 몸짓 언어 Gesture/body language 를 통해서 하게 합니다. 커뮤니케이션의 중요성을 새롭게 인식하고, 대인관계에 있어서 표현 방법의 다양성과 그 중요성을 이해할 수 있는 활동입니다.

인원 소그룹, 팀별로 5~7명 이내 실행 가능

시간 9분

준비물 첨부자료, 필기도구

진행 방법
1. 두 명씩 짝을 지어 마주 보고 앉게 합니다.
2. 말이 아닌 여러 몸짓과 신호 등의 다양한 표현 방법으로 서로 자기 자신을 상대방에게 소개합니다.
3. 절대 말을 사용해서는 안 되고 자신이 가지고 있는 결혼반지, 가족사진, 명함, 회원권 등등을 이용하여 소개하게 합니다.

4 이제 팀 내에서 팀원 전체에게 주어진 첨부자료 내용에 대해 하나하나 설명하며, 대화가 얼마나 이루어졌는지 점수를 매겨 봅니다.

첨부자료

다음의 〈자기소개〉 내용을 말이 아닌 몸짓으로 표현해 보라.

1. 이름: 점
2. 나이: 점
3. 직업: 점
4. 가족 사항: 점
5. 결혼 여부: 점
6. 좋아하는 것: 점
7. 싫어하는 것: 점
8. 존경하는 사람: 점
9. 좋아하는 계절: 점
10. 현재 기분: 점   합계: 점

TIP

- 먼저 워밍업으로 둘씩 짝지어 서로 자기소개를 하도록 합니다.
- 분위기가 조성되었으면 팀원 전체 앞에서 한 사람씩 자기소개를 하도록 하고 다른 팀원들은 1~10점까지 점수를 매기게 합니다.
- 얼마나 정확하게 자신에 대해 제스처를 통해 전달했는지 물어봅니다.
- 얼마나 정확히 팀원들이 자신의 제스처를 알아냈는지 확인합니다.
- 말이 아닌 제스처와 행동으로 자신을 소개하는 것이 어떤 점에서 가장 장애가 되었다고 생각하는지 토론하게 합니다.

내가 가장 좋아하는 것은
○○○입니다

개요   모임 시작과 함께 참가자들이 간단하게 주어진 자료에 의해 자기소개를 할 수 있는 시간을 가집니다.

인원   5~7명, 자유대형으로

시간   9분

재료   첨부자료, 필기도구

진행 방법
1. 참가자들에게 첨부자료를 배부합니다.
2. 주어진 질문에 너무 깊게 생각하지 말고 부담 없이 평소의 생각이나 변화 경향을 기록해 나가라고 설명합니다.
3. 질문에 대한 답안 작성은 본인이 가장 좋아하는 것과 선택한 답안을 대표하거나 상징할 만한 단어나 그림을 2가지 기록하도록 합니다.

■ 첨부자료

내가 가장 좋아하는 것은 ○○○입니다.

아래의 질문을 읽고 답하시오. (단, 각각의 답안은 서로 연관성이 있어야 합니다.)

1. 당신이 가장 좋아하는 음악 장르는 무엇인가? (   )
   그 음악 장르를 대표하거나 상징할 수 있는 단어나 그림 2가지를 든다면?
   ①
   ②

2. 당신이 가장 좋아하는 드라마는? (   )
   그 드라마를 대표하거나 상징할 수 있는 단어나 그림 2가지를 든다면?
   ①
   ②

3. 당신이 가장 좋아하는 연예인은? (   )
   그 연예인을 대표하거나 상징할 수 있는 단어나 그림 2가지를 든다면?
   ①
   ②

4. 당신이 가장 좋아하는 여행지는? (   )
   그 여행지를 대표하거나 상징할 수 있는 단어나 그림 2가지를 든다면?
   ①
   ②

5. 당신이 가장 존경하는 인물은? (   )
   그 인물을 대표하거나 상징하는 단어나 그림 2가지를 든다면?
   ①
   ②

6. 당신이 가장 하고 싶은 (목숨을 걸고 할 수 있는) 일은? (   )
   그 일이 의미하거나 상징하는 단어나 그림 2가지를 든다면?
   ①
   ②

7. 당신이 가장 가치 있게 생각하는 것은? (   )
   그 가치가 품고 있거나 상징하는 단어나 그림 2가지를 든다면?
   ①
   ②

> **TIP**
> - 참가자의 답안과 대표할 만한 2가지의 단어나 상징 그림은 다른 참가자들이 들었을 때, 자신의 성격이나 취향을 대충은 파악할 수 있어야 한다고 설명합니다.
> - 마무리 멘트로 다음과 같은 질문을 던질 수 있습니다.
>   − 단어 2가지로 그 사람의 성격을 제대로 평가할 수 있는가?
>   − 제한된 정보만을 가지고 사람을 평가할 때 어떠한 오류를 범할 수 있는가?
> - 첨부자료의 질문을 모임의 성격과 참가대상에 따라 재구성할 수 있습니다. 예를 들면, 당신이 가장 좋아하는 색깔, 동물, 계절, 음식, 숫자…….

7
재미있는 자기소개

목적 참가자들에게 자신을 보는 시각과 타인이 자신을 보는 시각이 얼마나 다른지를 알게 합니다.

시간 9분

준비물 A4용지(같은 색)

진행 방법
1. 먼저 A4용지에 자신을 나타낼 수 있는 형용사 5~7가지 정도를 적어 보도록 합니다. (외적인 것, 내적인 것 포함)
2. 각자 적은 후 맨 위에 이름을 쓰고 다른 사람이 볼 수 없게 하여 진행자에게 제출하도록 합니다.
3. 다 제출하면 취합된 자료에서 골라 각 형용사들만 먼저 3가지를 말한 후 누구를 나타내는 표현인지 참가자에게 질문합니다.
4. 먼저 첫 번째 형용사에서 누구인지 밝혀진 사람에 대해 생각해 보고 누구나 다 그 사람을 표현하는 데 공통적으로 생각하고 있는 것들에

대해 논의합니다.

5 5~7가지 모두를 표현했는데도 못 알아맞힌 사람에 대한 문제점은 무엇인지 논의해 보고 왜 그렇게 되었는지를 알아봅니다.

6 자신은 몇 번째 어떤 표현에서 다른 사람들이 공감하고 자신의 존재를 알아맞혔는지 생각해 봅니다.

> TIP
- 예를 들면, 취미나 성격, 외모, 색깔, 좋아하는 것, 싫어하는 것, 정말 잘하는 것과 못하는 것, 직업에서 특별한 요소, 추상적이지만 그 사람을 표현할 수 있는 단어나 문장들, 속담, 동물, 상징적인 캐릭터 등을 동원하여 재미있게 창의적으로 표현할 수 있을 것입니다.

8

상호이해 & 친밀감 형성을 위한 자기소개

Interaction & Rapport

1. 나는 (　　　)에서 근무하는 (　　　)이다.
2. 나는 어제 저녁 10시에 (　　　)에서 (　　　)을 하고 있었다.
3. 사람들은 나를 (　　　)하는 사람으로 알고 있다.
4. 나의 보물 1호는 (　　　)이다.
5. 나의 정년 후의 꿈은 (　　　)을 하는 것이다.
6. 나의 취미는 (　　　)이다.
7. 내가 10살 때 살던 곳은 (　　　)이다.
8. 어릴 적에 내 별명은 (　　　)이었다.
9. 지금 나의 가장 중요한 목표는 (　　　)이다.
10. 내가 우리 팀에서 도움이 될 수 있는 것은 (　　　)이다.

움직이면서 활동적으로 서로를 알아 가는 것을 즐기는 사람들이 있는가 하면, 앉아서 조용히 자기 이야기하는 것을 좋아하는 사람들도 많습니다. 빈칸을 채우면서 자기를 멋지게 소개할 문장을 완성해 봅시다.

이 아이스브레이킹은 개인별로 3~5분 정도 시간을 주어 문장을 완성하게 한 후에 팀 전체가 돌아가면서 한 사람씩 문장을 읽어 나가게 합니다. 읽고 난 후 하나하나를 다시 설명하려고 하면 한 사람이 시간을 독점하게 되므로 10개의 문장을 기록한 대로 읽어 나가는 것을 원칙으로 하고 모든 사람들이 철저히 지키도록 해야 합니다. 10개의 문장을 다 읽으면 나머지 사람들이 박수를 쳐 주는 것도 좋습니다.

솔루션 게임,
정답은 하나가 아니다!

여기 젓가락 8개가 있습니다. 이 8개의 젓가락으로 정사각형 3개를 만들어 보십시오. 단, 젓가락을 꺾어서 사용하는 것은 안 됩니다. 먼저, 정사각형의 조건은 네 변의 길이가 같고, 네 각은 모두 각각 90°가 되어야겠지요. 8개 도두 사용하여 3개의 정사각형을 만들어 봅시다. 참가자들의 다양하고 창의적인 문제해결 능력을 알아 볼 수 있는 액션러닝입니다. 우리는 강의 중에 이런 게임이나 문제를 대할 때 출제자나 참가자 모두가 넌센스 게임 정도로 생각을 하고 문제를 풀어 갑니다. 그러나 이 게임은 우리의 생각을 열어 주고 확장시키는 다양한 해결책Solution이 있다는 것을 경험하는 활동입니다. 그것도 한두 가지의 정답이 아니라 수십 가지 방법으로 가능합니다. 참가자들이 "아하!" 하고 탄성을 자아내는 경험을 하게 하고 강의에 집중시킬 수 있는 멋진 게임입니다. 책을 읽고 있는 당신도 한번 도전해 보십시오.

TIP

- 이 솔루션 게임을 해보면, 많은 참가자들이 자신이나 팀이 하나의 답을 찾으면 그게 유일한 정답이라고 생각을 합니다. 그리고 정답을 제

시한 팀원에게 박수를 쳐 주며 모든 생각과 동작을 멈춥니다. 그런데 이게 어찌 된 일인지, 옆의 팀에서 더 나은 새로운 솔루션을 찾아냅니다. 또 다른 팀에서도 더 창의적이고 멋진 3개의 정사각형들을 만들어 내는 것입니다. 이때 진행자는 제2, 제3의 더 많은 더 멋진 솔루션이 있을 수 있다는 것을 이야기하며 각 팀에게 또 다른 방법으로 해결책을 찾아 갈 것을 요청하며 게임을 이끌어 나갑니다.

"아이디어는 많으면 많을수록 좋다"(폴 슬로언, 《이노베이션 매뉴얼》)

현대교육의 문제점 중에 하나는 우리가 만나는 대부분의 문제에 정답이 하나라는 것입니다. 객관식 시험은 학생들이 정답을 고르고 틀린 것은 피하도록 강요합니다.

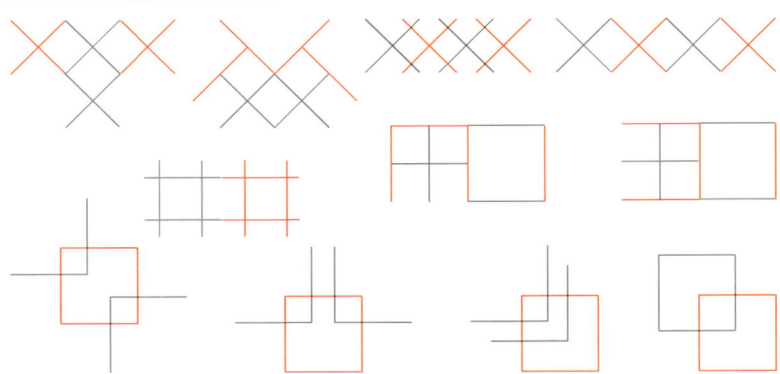

정답 솔루션 게임, 정답은 하나가 아니다!

10
이미지 메이킹 게임

개요 우리는 처음 만나는 사람들에 대한 느낌과 이미지를 가지고 그 사람에 대한 카피를 씁니다. "참 따듯한 사람이구나, 생각보다 재미있는 사람이네, 어떻게 저런 사람이 팀장이 되었지?, 말투가 꼭 선생님 같다, 키가 큰 것이 마치 모델 같다, 연예인처럼 생겼다, 분위기 메이커?" 이렇게 처음 만났을 때의 느낌이나 그 사람에게서 풍기는 직업군 같은 것들을 표현해 주면 어떤 일이 일어날까요? 그것도 나 한 사람만이 아니라 많은 사람이 함께 활동 게임으로 만들어 그 사람의 이미지를 느낀 대로 기록해 주는 것이라면 그 피드백을 받은 참가자들은 '아, 사람들이 나를 이렇게 생각하는구나, 왜 나에 대해 이런 느낌을 갖게 될까?'라는 생각을 하면서 자신의 이미지를 성찰하는 작은 효과를 얻을 수 있습니다.

목적 참가자 전체가 상호교류하는 분위기 연출 및 서로 인사하기

시간 9분

준비물 포스트잇, 이름표, 필기도구

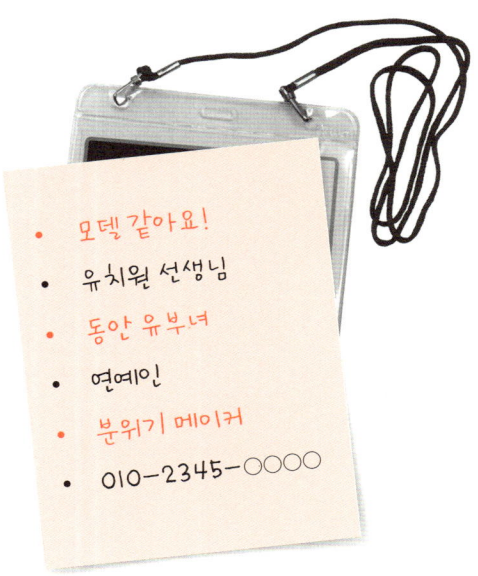

진행 방법

1. 우선, 참가자들의 이름표에 포스트잇을 한 장씩 붙입니다.
2. 포스트잇이 붙은 이름표를 각 참가자의 등 뒤에 붙이고 게임을 시작합니다.
3. 게임 개요에서 설명한 것처럼 이미지 메이킹 게임의 목표를 설명하고 주어진 시간 내에 최대한 많은 사람들을 만나게 합니다. 물론 1 : 1로 만나는 것을 원칙으로 합니다.
4. 만날 때마다 반갑게 웃으면서 인사하고 그 사람에 대한 느낌이나 이미지를 기록합니다.
5. 포스트잇에 내용이 가득 기록될 즈음에 지금 만나고 있는 사람을 마지막으로 모두 자리에 돌아가서 앉도록 안내합니다.
6. 등 뒤의 포스트잇을 떼어서 이곳에 참가한 사람들이 나에 대해 어떻게

생각하고 있는지를 읽어 보고 비슷한 표현과 단어들에 동그라미를 치라고 이야기해 줍니다. 여기저기서 웃으며 잔잔한 아이스브레이킹이 이루어지는 소리를 들을 수 있을 것입니다.

7 나의 이미지가 적힌 포스트잇을 읽으면서 가장 마음에 안 드는 단어나 혹은 사람들이 자신을 잘못 알고 있는 이미지의 단어나 표현에 세모를 치라고 요청합니다.

8 이제, 옆에 앉은 파트너와 함께 자신을 소개하는 시간을 갖습니다. 동그라미 쳐진 단어들을 중심으로 사람들이 자신을 뭐라고 이야기하는지 말해 주며 "나, 이런 사람입니다."라고 소개합니다.

9 다시 세모 쳐진 단어를 생각해 보면서 강의가 진행되는 시간 동안 사람들이 자신을 이렇게 볼 수도 있겠구나 생각하면서 자신의 잘못된 이미지를 바꿔 나가기 위해서 노력하자고 요청하며 강의를 시작하는 것도 좋은 방법입니다.

11
우리 함께 찾아보아요

개요   이 게임도 역시 전체가 참여하여 활동하며 만나는 사람들과 많은 질문을 하면서 서로를 알아 가는 아이스브레이크 게임입니다. 먼저 이름을 물어보고 적은 후에, 서로의 공통점이 무엇인지? 그리고 서로 다른 점이 무엇인지를 물어보면서 공통점과 다른 점을 준비된 첨부자료에 기록하는 활동입니다.

목적   첫 모임에서, 신입생 환영회에서, 혹은 다양한 워크숍에서 참가자들 전체가 상호교류하며 더 깊이 알아 갈 수 있게 합니다.

시간   9분

준비물   첨부자료, A4용지

진행 방법
1 준비된 첨부자료를 배부한 후, 옆에 앉은 파트너부터 대화를 통해 알아 갑니다.

2 만나면 먼저 악수나 눈인사를 하고 이름을 적고, 두 사람의 공통점이 무엇인지 대화를 시작합니다. 눈에 보이는, 보이지 않는 것들을 물어보며 공통분모를 알아 갑니다.
3 다시 서로 다른 것이 무엇이 있는지 물어봅니다. 서로를 알아 가는 아이스브레이크 활동이 분위기를 만들어 준다면, 이 게임은 많은 질문을 통해서 자기 이야기를 하고 만나는 파트너의 이야기를 들어 주며 계속 공통점과 다른 점을 찾아낸다는 것이 쉽지만은 않은 게임입니다.
4 게임을 종료한 후, 재미있는 활동으로 참여하며 웃음이 끊이지 않았던 몇몇 참가자들의 활동 내용을 서로 공유하는 시간을 갖는 것도 즐거운 전체 아이스브레이킹이 될 수 있습니다.

학습 참가자들은 대화를 통해서 함께 많은 것들을 알아 가게 됩니다. 혈액형이 같은지 다른지부터 고향, 전공, 좋아하는 음식, 어떤 스포츠를 좋아하고 싫어하는지, 살고 있는 주택의 형태까지 시시콜콜 다양한 이야기들이 오갑니다. 점점 질문들이 서로를 알아 가는 내용으로 바뀌어 갑니다. 자녀는 몇 명인지? 부모님을 모시고 사는지? 꿈은 무엇인지? 아파서 수술한 적이 있는지? 책을 출판한 경험이 있는지? 기타 등등 정말 많은 이야기들로 아이스브레이킹이 일어나는 재미있는 활동이 될 것입니다.

📎 **첨부자료**

번호	이름	공통점	다른점
1			
2			
3			
4			
5			
6			
7			
8			
9			
10			

Is & Is Not Game
1

우리 팀에 있는 것과 없는 것 (주제: Fact)

여유, 재미(웃음), 헌신,
리더십, 격의 없는 대화, 협력,
자부심, 신뢰, 건강, 기도, 생산적인 모임 운영,
구성원간의 친밀성, 인간적인 이해, 정보 공유,
명확한 방향 공유, 학습, Follow-ship, 공유된 가치,
아이디어, 긍정적인 태도, 인사하는 기본 예의,
공감적인 경청, 구성원의 높은 역량, 남자, 여자,
배려, 관심, 용기, 절제, 기쁨, 멘토,
용서, 겸손, 열정, 친구…

개요   위의 내용은 학습의 효과성과 밀접한 관계가 있는 요소들입니다. 위의 요소들 중 우리 팀에 있는 것과 없는 것을 각각 3개 이상 찾아봅니다. 있는 것은 〈Is〉란에, 없는 것은 〈Is Not〉란에 기록해 브도록 합시다.

진행 방법

1. 우리 팀이나 조직의 현실을 명확히 파악할 수 있는 활동입니다. 또한 성공적인 팀을 위한 필요한 요소를 알 수 있는 기회입니다. 참가자들은 〈Is & Is Not〉 워크시트를 각자 작성합니다.
2. 전체가 발표한 후, 개인별로 작성한 내용의 종합 또는 다수결로 팀 차원에서 우리 팀에 있어야 할 것과 없는 것이 무엇인지를 결정합니다.
3. 우리 팀에 없는 것 3가지를 결정하기 위해 무엇을 할 것인지를 논의해 봅시다.
4. 무엇보다도 팀 진행자들은 적극적이고 개방적인 태도로 접근해야 합니다. 자신의 의견을 말하기보다는 참가자들의 의견을 듣는 자세를 견지하는 것이 좋습니다. 만약에 팀에서 영향력이 있는 리더 계층이 자기 주장을 강하게 피력한다면 참가자들은 자연스럽게 자신의 의견을 말하지 않을 것입니다. 어떠한 의견이라도 수용될 수 있는 환경을 조성하는 것이 좋습니다. 참가자들이 부드럽고 편안한 느낌을 가질 수 있어야 하고, 때로는 유머 등을 활용하여 재미있는 분위기를 조성할 필요가 있습니다.

> **TIP**
>
> - 있는 것과 없는 것 Is & Is Not에 제시된 단어들은 팀의 필요에 따라 수정 보완되어도 좋습니다.

Is(우리 팀에 있는 것들)	Is Not(우리 팀에 없는 것들)

13
Is & Is Not Game 2

개요 다음에 주어진 단어들의 공통점은 무엇일까요? 예, 뭔가 행동해야 하고, 이루어야 할 단어들입니다. 또 다른 공통점은 이 단어들이 모두 세 음절로 된 단어라는 것입니다. 이 단어들 가운데 나에게 있는 것은 무엇인가요? 또한 나에게 없는 것은 무엇인가요? 이렇게 체크된 내용을 가지고 파트너와 개인의 생각을 나눌 수도 있고, 팀 전체가 토의할 수 있는 아이스브레이크 게임입니다.

진행 방법

1. 먼저, 나에게 있는 것들에 동그라미를 그려 봅시다. (5개 이상)
2. 그리고 나에게 없는 것 한두 가지에 삼각형을 그려 보세요. 이제 옆에 앉아 있는 파트너와 함께 나에게 무엇이 많이 있는지, 또한 무엇이 없는지 서로 이야기하는 시간을 가집니다.
3. 개인적인 체크리스트로 사용할 수도 있지만, 이 단어들 가운데 우리 팀에 있는 것과 없는 것을 서로 이야기하면서 팀의 성과 창출을 위해 필요한 것이 무엇인지를 토론하는 시간으로 활용할 수 있습니다.

마음력, 유머력, 집중력,
창조력, 부자력, 돌파력, 밸런스,
리더십, 자신감, 청소력, 노력론, 관리력,
친밀함, 해피어, 실행력, 행동력, 기획력, 공부력,
사교력, 타이밍, 초의식, 지두력, 즉전력, 아첨론,
간파력, 질문력, 평상심, 사교력, 변인력,
보살핌, 자존심, 혼창통…

    왜 꼭 세 음절로 된 단어냐고요? 이 단어들이 모두 세 음절로 된 책 제목이며 리더십과 코칭에서 중요하게 다루어지는 핵심 덕목이기 때문입니다.
    나에게 없는 것들에 삼각형이 그려진 단어들을 살펴보고 책을 읽어 보는 것도 좋습니다.

ICebreak
Change

▼
▲

변화와 개선으로 고정관념을 깨뜨려라

좋은 아이스브레이크는 짧은 시간을 통해서 변화가 일어나게 해야 합니다. 그것은 바로 마음의 변화와 태도의 변화입니다. 특별한 관심이나 기대 없이 그 모임에 참여한 사람들에게는 주도적으로 참여할 마음이 생기게 하고, 부정적인 생각과 태도로 참여한 사람들에게는 긍정적이고 적극적인 태도로 변하게 하며, 작은 개선을 지속적으로 만들어 가는 데 효과적인 프로그램이 바로 아이스브레이킹 게임입니다.

14
알쏭달쏭 점블 퀴즈

개요   '알쏭달쏭 점블 퀴즈'는 말 그대로 엿 장수 마음대로 그 순간 떠오르는 단어들을 써 내려가면 됩니다. 팀별 혹은 개인별로 A4용지에 문제를 주고 신속하게 빈칸을 채우도록 합니다.

준비물   첨부자료, A4용지, 필기도구

진행 방법
1. 가장 먼저 빈칸을 채워 빙고를 외치는 팀(개인)에게 보너스 점수가 있다고 알립니다.
2. 팀별로 하는 게임일 경우, 팀별로 1장씩을 주어 팀원 전체가 상의하여 선택한 정답을 하나만 적게 합니다.
3. 다 쓴 자료 위에 개인이나 팀의 이름을 기록하고 옆의 팀이나 다른 참가자와 바꾸어 채점을 하며 서로의 생각을 살펴봅니다.
4. 재미있는 정답이나 창의적인 재치와 도전으로 연결시킬 수 있는 게임이 됩니다.

> **TIP**

- 각 개인이나 팀이 가지고 있는 경험, 문화, 단어의 수준을 살펴볼 수 있는 시간입니다.
- 각 해당 퀴즈마다 다양한 답이 나오게 되면서 참가자들이 함께 웃으며 친밀해지는 시간이 됩니다.
- 먼저 진행자는 각 번호마다 자신이 생각하는 정답을 정해 놓아야만 합니다. 그리고 다양한 생각들을 들으면서 정답이 안 나올 경우에는 가장 좋은 아이디어를 이야기한 팀이나 개인에게 점수를 줄 수 있습니다.
- 좀 더 좋은 사고와 아이디어를 낼 수 있는데 그냥 떠오르는 재생산된 사고를 하는 경우가 대부분입니다. 조금만 더 나아가면 생산적인 사고가 시작되는 게임을 경험하게 하는 아이스브레이킹 활동입니다.

📎 **첨부자료**

① □렁□ ② □글□글 ③ 싱□생□
④ □루□기 ⑤ □수□산 ⑥ □□시□□
⑦ □연보□ ⑧ □상□리 ⑨ □□스□□
⑩ □키□□

다양한 정답들을 내놓을 것입니다. 이때 진행자가 생각하는 그 날의 주제, 모임의 성격, 강의 내용, 참가 대상을 생각해서 가장 적합한 하나의 정답을 정해 놓고 게임을 시작해야 합니다.

① 굴렁쇠 ② 와글와글 ③ 싱글생글 ④ 그루터기 ⑤ 여수돌산
⑥ 소녀시대짱 ⑦ 천연보석 ⑧ 밥상머리 ⑨ 오케스트라 ⑩ 돈키호테

그런데 재미있는 것은 많은 사람들이 강사가 정답으로 정한 것이 아닌 자신들이 일상생활 속에서 사용하는 단어나 혹은 경험한 무의식의 단어들을 쉽게 말한다는 것입니다. 어떻게 이런 사고의 틀 속에서 벗어날 수 있을까요?

※ 점블 퀴즈란? 단어의 중간 중간에 빈칸을 만들어 놓거나 음절을 뒤죽박죽 섞어 놓은 후에 다양한 답을 유도하는 것입니다. 어떤 말이든 할 수 있으므로 참가자들을 자연스럽게 참여시키며 순발력과 재치로 창의적인 아이디어를 끌어낼 수 있는 좋은 아이스브레이킹입니다. 창의력과 어휘력의 상관관계처럼, 학습 참가자들의 생각지도 못했던 단어들이 나오거나 조합을 통해 기발한 단어들이 만들어지는 것을 보면서 웃음과 재미를 경험하는 활동입니다. 다양한 점블퀴즈를 만들어 낼 수 있습니다.

정답 알쏭달쏭 점블 퀴즈

⑩ 사이클, 논흐리배, 스티커, 흐피키, 둘기티니, 타이랩
⑨ 크리스마스, 스케치북, 아이들맘, 표음피마리, 응율가신, 사스고슴다
⑧ 빨강머리, 이상한리, 공산주리, 불쌍한리
⑦ 사야처트, 잠보리기, 공물보구, 쏠번잡요
⑥ 사랑옵둥, 눌쿠스민기, 고슴도치, 표방사괴맨, 수아미깨랭, 수레바레비
⑤ 모순수잔, 신지수탈, 말수증란, 수상하란, 수수깨란, 아둥바둥
④ 홀르가리, 그르다리, 드마사리, 슬지사리, 헬슬하기
③ 근르부글, 수옹욱옹, 수근부근
② 푸르부글, 지사이틀, 히리호른, 수승응글, 느슬르글
① 발음길, 지움이, 논옹이발, 드클트

정답 스토리텔링 점블 퀴즈

"남자친구가 찾아와 달콤한 바나나와 야채를 선물로 사왔다."
"남자친구가 사다놓은 바나나와 야채는 너무 달콤했어요."

15
스토리텔링 점블 퀴즈

아래 주어진 영어 순서를 잘 배열하여 단어를 완성해 보세요. 영어단어로 풀어 보는 알쏭달쏭 퀴즈는 각 단어가 개별적인 것보다는 연관성을 주어 2~3개가 풀리면 다른 것들도 관련성에 의해 힌트를 얻어 풀어 갈 수 있는 단어로 구성을 하여 하나의 스토리가 되게 하는 것이 좋습니다.

첨부자료

① anm   ② owmna   ③ tmieneg
④ dgiwned ⑤ efiw   ⑥ abdsnuh
⑦ vlie   ⑧ ltesiafv

정답을 보기 전에 위의 단어들이 어떤 단어들인지, 그리고 어떤 스토리로 전개가 되는지 생각해 보세요. 서비스, 리더십, 코칭, 마케팅, 세일즈, 인간관계…… 어떤 분야든 이런 흐름을 가지고 영어 단어들을 선택하여 당신의 강의 내용과 관련된 스토리를 멋있고 감동적으로 구성해 보면 재미있는 나만의 아이스브레이크 시간이 될 것입니다.

16
알파벳 점블 퀴즈

아래 주어진 알파벳을 보고 다음 빈칸에 올 알파벳을 적어 보세요.

첨부자료

① M, T, W, T, F, (   ), S
② J, F, M, A, M, J, (   ), A, S, O, N, D
③ D, R, M, F, S, (   ), S
④ P, ㄹ, (   ), D
⑤ O, T, T, F, (   ), S, S, E, N, T
⑥ Q, W, E, R, T, Y, U, I, O, (   ),
   (   ), S, D, F, G, H, J, K, L,
   Z, X, C, (   ) B, N, M

정답 알파벳 점블 퀴즈

① S. 요일 중 Saturday의 첫 글자
② J. 12달 중 July의 첫 글자
③ L. 음계 중 La의 첫 글자
④ N. 자동차 자동변속기에서 중립을 나타내는 neutrality의 첫 글자
⑤ F. 1~10까지의 숫자 중 five의 첫 글자
⑥ P, A, V. 손가락으로 배열된 영문자 자판 응용기

83

초성
점블 퀴즈

괄호 안에 들어갈 초성은 무엇입니까? 일정한 규칙에 의해 나열된 것들입니다. 잘 생각해 보시면 그 규칙을 찾아서 빈칸에 들어갈 초성을 발견할 수 있습니다.

첨부자료

① ㅎ, ㄷ, ㅅ, ㄴ, ㄷ, (   )

② ㅇ, ㅎ, ㅅ, ㅁ, ㄱ, (   )

③ ㅇ, ㅇ, ㅅ, ㅅ, ㅇ, ㅇ, ㅊ, (   )

이렇게 점블 퀴즈로 만들 수 있는 것들이 무엇이 있을까요? 가정에서, 회사에서, 학교에서, 우리가 사용하는 물건들이나 건물들에서, 우리 일상을 잘 살펴보면 이런 점블퀴즈를 멋지게 만들어 낼 수 있습니다.

정답 초성 점블 퀴즈

① ㅇ. 〈하나/둘/셋/넷/다섯/여섯〉의 초성
② ㅋ. 〈일/이/삼/사/오/육/칠〉의 초성
③ ㅍ. 〈일/이/삼/사/오/육/칠/팔〉의 초성

18
패러다임 시프트 I

여기 12개의 점이 있습니다. 5개의 연결된 직선으로 12개의 점을 모두 연결해야 합니다. 단, 조건이 있습니다. 펜이 종이에서 떨어지면 안 되고, 한 번 지나간 선을 다시 지나갈 수는 없습니다. (2분)

19 패러다임 시프트 Ⅱ

직선 4개를 사용하여 9개의 점을 모두 연결하시오. 종이 위에서 펜을 떼지 않고 연결하되, 한 번 지나간 점 위는 다시 지나갈 수 없습니다. (1분)

• • •

• • •

• • •

9개의 점을 1개의 직선만 사용하여 모두 이으시오. (30초)

정답 패러다임 시프트 I ~ III

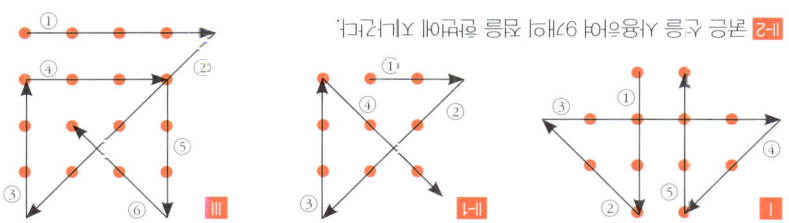

패러다임 시프트 III

6개의 직선을 사용하여 16개의 점을 모두 연결하시오. 종이 위에서 펜을 떼지 않고 연결하되, 한 번 지나간 점 위를 또 지나갈 수 있습니다. (2분)

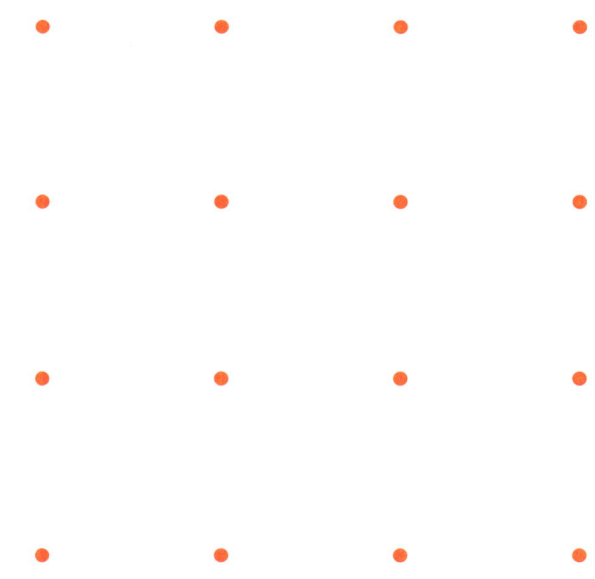

패러다임 시프트
IV

아래 주어진 숫자의 일정한 규칙을 찾아서 빈칸을 채워 보세요.

첨부자료

① 1, 4, 7, (   ), 13

② 1, 5, 9, (   ), 17

③ 2, 4, (   ), 16, 32

④ 13, 11, 9, 7, (   )

⑤ 131, 228, 331, 430, 531, 630, 731 (   ), 930, 1031

22
Captain, My Captain
나의 영웅들

목적 변화를 창출하거나 수행능력에 필요한 스킬들을 생각하고 배우는 시간입니다.

시간 9분

준비물 첨부자료

진행 방법
1. 5분간 '나의 영웅들' 워크시트를 완성하라고 요청합니다.
2. 짝을 지어서 서로 작성한 것에 대해 이야기를 나누게 합니다.
3. 시간이 허락되면 전체 참가자들이 발표하도록 합니다.

　역할 모델은 친구, 부모, 형제자매, 할아버지, 할머니 혹은 유명인사 등이 될 수도 있습니다. 요즘은 스포츠 스타나 연예인들도 롤 모델로 이야기합니다. 또한 책을 읽다가 마음속으로 역할 모델을 찾아낼 수도 있습니다.

내 삶의 영웅이나 롤 모델이 없는 참가자들도 있습니다. 그때 참가자들에게 본받고 싶거나 지금까지의 나의 삶에 영향력을 끼친 인물들을 찾아보게 하며, 더 나아가 내가 생각하는 가장 이상적인 모습을 가지고 있는 나의 영웅을 발견하게 할 수 있습니다.

첨부자료

나의 영웅들

1. 내가 본받고 싶은 사람들은 누구인가?(고인이나 현존하는 사람 중 내가 가장 존경하는 사람)
2. 그 사람들이 변화에 접근하는 방식은 어떠한가?
3. 그 사람들이 변화를 받아들이는 나의 능력에 얼마나 영향을 주었는가?
4. 그 사람들이 추진한 변화 중에서 감동적이고 가장 기억에 남는 변화를 기록해 보라. 그 사람들은 어떤 스킬로써 변화를 성취해 냈는가?
5. 변화에 관한 격언이나 속담 중 지금 떠오르는 것이 있는가? 기억에 남아 있는 것은 무엇인가?
6. 나의 영웅들과 나의 공통점을 한 가지 이상 생각해 보라.
7. 나의 영웅들이 가지고 있었던 스킬 중 어떤 것을 현재 혹은 미래에 소유하고 싶은가?

● 토의사항

- 누가 당신의 영웅인가요? 왜 당신은 그들을 영웅이라 생각합니까?
- 당신 영웅들에게서 스스로의 모습을 찾아볼 수 있습니까?
- 이런 질문을 제기하고 다양한 스킬들에 관해 논의합니다. 참가자들에게 자신들의 영웅과 똑같은 스킬을 이미 보유하고 있을지도 모른다는 사실을 주지시키는 멘트와 사례를 들려 줍니다. 참가자들로 하여금 그들이 보유하지 못한 스킬들을 개발해 나갈 것을 독려합니다.

감정 나무 그리기

목적 자신의 감정을 잘 분석하여 대인관계와 인생의 목적을 성취해 가는 데 있어서 잘못되고 왜곡된 부정적인 감정을 대체하여 긍정적인 감정 나무로 표현하게 합니다.

진행 방법

1 **다음에 주어진 부정적 감정 나무의 기본 구조를 살펴봅니다.**

뿌리와 줄기 그리고 그 열매들은 무엇인지 확인하고 나의 가정, 학교, 직장, 사회생활 속에서 가장 많이 드러나는 부정적 감정부터 나를 둘러싸고 있는 다양한 상황과 경험에서 유사한 뉘앙스의 감정 경험들을 구체적으로 대화하며 기록하게 합니다. 그 감정 하나 하나를 느꼈던 구체적인 경험을 소개해 보는 시간을 갖습니다. (언제, 어디서, 왜)

2 **나쁜(부정적) 감정들**

미워하고, 신경질 내고, 비판하고, 버릇없고, 상처 주고, 무시하고, 비꼬고, 짜증내고, 싫어하고, 교만방자하고, 비웃고, 창피 주고, 망가뜨리고, 편애하고, 방해하고, 헐뜯고, 못살게 굴고, 원망하고, 불평하고, 소리 지르고, 의심하고, 정죄하고……. 또 어떤 나쁜 감정들을 발견할 수 있습

니까? 이런 부정적 감정들이 우리가 삶에서 그토록 원하는 건강, 부, 성공, 행복 등 마음의 평화를 깨뜨리고 결국 우리 삶을 갉아먹습니다.

● 토의사항
- 내가 생활 속에서 경험하는 부정적인 감정들은 무엇인가?(핵심 3가지)
-
-
-

3 **자, 이제 우리 마음속에 있는 좋은 감정들을 찾아봅시다.**

긍정의 힘, 긍정의 심리가 인생의 행복에서 중요한 요소이고 시각인 것처럼, 긍정적인 감정이란 정말 대단한 감정입니다. 긍정적인 감정이란 바로 행복과 사랑, 기쁨과 생명력, 에너지 넘치는 열정과 기운을 말합니다. 창조주가 우리 인간에게만 주신 능력이 있는데, 바로 통제하고 기대하며 바꿔 나갈 수 있는 대체능력을 주셨다는 것입니다. 지금 당장 나에게 작동되고 있는 부정적이고 나쁜 감정들을 긍정적이고 좋은 감정으로 바꿔 봅시다. 내 안에 어떤 좋은 감정들이 있습니까?

3 **좋은(긍정적) 감정들**

기뻐하는, 온순한, 도와주는, 이해하는, 인정해 주는, 칭찬하는, 인내하는, 인정 많은, 믿어 주는, 진실한, 겸손한, 재미있는, 화목한, 자상한, 차분한, 친근한, 관심 있는, 다정한, 편안하게 해주는, 사랑하는, 용기 있는, 책임감 있는, 보살펴 주는……. 또 어떤 긍정적이고 더 좋은 감정들을 찾아낼 수 있을까요?

4 **부정적 감정 나무를 대체할 긍정적인 감정 나무를 그려 봅시다.**

> **TIP**

- 《정상에서 만납시다》라는 책을 쓴 지그지글러Zigzigler는 우리가 부정적인 감정을 가지고 살 수밖에 없는 원인들에 대해 다음과 같이 말하고 있습니다.

  — 첫째, 우리가 부정적인 사회에 살고 있기 때문이라고 말합니다.
  — 둘째, 권위 있는 사람들의 의심이 우리를 부정적이게 합니다.
  — 셋째, 한 가지 일에서의 실패를 인생 전체의 실패와 동일시한다는 것입니다.
  — 넷째, 열등감입니다. 듣고 본 모든 것을 다 기억할 수 없습니다. 우리는 학교와 직장에서 만능 탤런트가 아닙니다.
  — 다섯째, 비현실적이고 불공정한 경향과의 비교입니다.
  — 여섯째, 자신의 최악의 모습과 타인의 최선의 모습을 비교하며 부정적이고 적대적인 삶을 살아갑니다.
  — 마지막으로, 우리가 선택한 마음속 역할 모델의 부정적인 감정과 그들의 삶의 태도가 우리를 부정적 감정을 가지게 만든다고 말합니다.

24
익숙한 것과의 결별?

목적 삶이 얼마나 빠르게 변화하는가, 그리고 무엇이 그 변화를 주도하는가에 대한 인식을 확장합니다.

시간 9분

준비물 팀별 플립차트, 마커, 포스트잇, 영역의 이름이 적힌 카드, 첨부자료

진행 방법

1 참가자들에게 5~7명이 한 팀이 되도록 구성하게 합니다.
2 다음 주제가 기록된 카드 한 장씩을 팀마다 나눠 줍니다.

자기계발과 트렌드	태블릿 PC	은행
서점	TV	24시 편의점
직업과 일	가족	신앙
여성의 위치	스마트폰	극장

3 각 팀마다 카드의 아이템에 대하여 지난 세월 어떻게 변화하여 왔는지를 논의하고 플립차트에 기록하고, 가장 큰 변화가 일어난 영역은 어떤 것이었는지에 대해 논의합니다.
4 가장 큰 변화로는 어떤 것이 선택되었는지 팀별로 포스트잇에 기록하여 플립차트에 붙이고 발표합니다.

● 토의사항
- 첫 번째 영역에서의 변화는 다른 영역에 영향을 줍니다.
- 변화의 속도는 점점 빨라지고 있습니다.
- 어떤 것도 변화로부터 비켜 나갈 수는 없습니다.
- 우리는 거대한 변화도 따를 수 있습니다.
- 세상은 엄청 변화해 왔는데 왜 우리 조직은 그 변화에서 제외되어야 합니까?
- 삶은 변화와 지속적인 개선의 결과로서 더욱 발전해 나가는 것입니다.

25
뇌구조 그리기

개요   여자의 뇌구조, 남자의 뇌구조, 짱구의 뇌구조, 혈액형별 뇌구조, 보수의 뇌구조, 진보의 뇌구조, 고딩의 뇌구조, 블로거의 뇌구조……. 어떤 연예인의 드라마가 뜨거나 스포츠 선수가 스타가 되면 곧바로 그의 뇌구조를 그린 그림이 인터넷에 떠돌아 다닙니다. 당신의 뇌구조는 어떻게 채워져 있는지 생각해 보셨는지요? 나의 뇌구조를 한번 그려 보는 시간을 가져 봅니다. 내가 가장 많은 시간을 함께하는 상대방의 뇌구조도 그려 보면 어떨까요?

진행 방법
1. 빈칸으로 그려진 사람의 뇌 이미지를 나누어 주거나 그리도록 합니다.
2. 그리고 참가자들에게 '하루 종일, 아니 지난 일주일 동안 어떤 생각들을 하면서 지냈는지' 떠올려 보라고 요청합니다.
3. 학습 참가자들이 어떤 생각들로 나의 두뇌를 가득 채웠는지 단어들을 써 넣다 보면(나의 가장 중요한 관심사가 무엇인지, 어디에 돈과 시간을 가장 많이 사용하는지, 요즘 무슨 걱정을 하면서 살아가는지), 나의 뇌구조가 채워지기 시작합니다.

4 로또가 대박나는 기대감, 영어 공부, 가족, 드라마의 결말, 애인, 블로그, 여행, 책 읽기(쓰기), 정치인, 인터넷, 술 담배, 쇼핑, 미워하는 인간들에 대한 부정적 감정, 승진, 새로운 사업 구상, 애마 자동차, 컴퓨터, 태블릿 PC, 게임, 오직 돈 돈 돈, 콤플렉스, 외모, 결혼, 프로야구, 중독, 군입대, 신앙, 수면, 휴식…… 끝도 없이 떠오르는 나의 생각들과 상황들을 뇌구조 이미지에 하나하나 채워 나갈 수 있도록 적절한 시간을 줍니다.

5 이제, 완성된 뇌구조 이미지를 가지고 각자 자신의 꿈이 무엇이고, 가장 중요하게 생각하는 것이 무엇인지, 관심과 흥미를 가지고 몰입하고

있는 분야는 무엇인지, 취미는 무엇인지, 가장 큰 걱정거리와 스트레스는 무엇인지 서로 상호작용을 하면서 아이스브레이킹이 일어나는 즐거운 시간이 될 것입니다.

IcEbreak
Energy
▼
▲

활력과 에너지 레벨이 넘치는 즐거운 분위기를 만들어라

무엇보다도 아이스브레이크는 에너지가 넘치는 활기가 있어야 합니다. 물론 정적인 아이스브레이크도 있지만 기본적으로 활기가 넘치고 열정적이어야 합니다. 그러나 '아이스브레이커'라는 분위기 메이커의 역할보다는 강사들이나 진행자가 의미 있는 프로그램을 진행해야 한다는 강박관념 때문에 자칫 잘못하면 프로그램이 지나치게 교육적이고 정적인 분위기가 될 수도 있습니다.
이렇게 되면 지루해 하는 사람들이 생기고, 정적인 프로그램의 특성상 많은 수의 사람들과 만나고 부딪치면서 사람들을 알아 가기는 어렵게 되겠지요.
당신의 첫 모임, 첫 만남에서 힘과 활기를 주는 친밀감은 마음을 활짝 여는 데 서로에게 촉진제가 될 것입니다. 자, 다음에 나올 아이스브레이크 게임들 중 어떤 것으로 당신의 팀 분위기를 액티브하게 만들어 나갈 수 있을까요?

26
훌라후프 게임

개요 훌라후프는 우리가 생활 속에서 쉽게 접할 수 있는 운동기구입니다. 활동적인 프로그램으로 들어가기 전에, 훌라후프를 이용하여 온몸을 움직여 보는 것도 좋은 아이스브레이크입니다. 이렇게 팀 전체의 협력과 개인의 적극적인 참여를 유도하여 웃음과 격려를 주며, 각 팀 간의 경쟁으로 이어져 자연스럽게 훌라후프를 이용한 다양한 아이스브레이크 게임을 하게 합니다.

목적 온몸을 자연스럽게 움직여 긴장감 해소와 유연함 형성

시간 5~9분

인원 10~15명 정도의 두 팀 이상 (전체가 한 팀으로 구성되어도 좋음)

준비물 팀 수에 맞는 훌라후프, 호루라기, 손수건이나 헝겊

진행 방법

1 훌라후프 넘어가기

① 팀별로 원을 만든 상태에서 손을 잡고 안쪽을 바라봅니다. 각 팀에게 훌라후프를 하나씩 줍니다. (각 팀의 인원을 통일해 공정성에 불만이 없게 해야 합니다.)

② 손을 잡은 채 훌라후프를 각 팀장의 오른쪽 어깨에서 시작하여, 팀 전원의 몸이 왼쪽으로 넘어가면서 원을 돌아오는 데 걸리는 시간을 체크합니다.

③ 게임 진행 도중 훌라후프가 땅에 닿거나 또는 옆 사람이 도와준다거나 손가락으로 훌라후프를 잡아서 쉽게 넘기는 것 등이 발견되면 반칙으로 간주하여 나중에 감점합니다.

④ 팀 전원이 훌라후프를 넘어가면 기본점수가 주어지고, 가장 빠르게 반칙 없이 넘어간 팀에게는 보너스 점수도 줍니다. (반칙이 하나 있을 때마다 기본점수에서 감점합니다.)

2 도둑과 경찰

① 각 팀은 원을 만든 상태에서 손을 잡고 안쪽을 바라봅니다. 각 팀에게 훌라후프를 2개씩 줍니다.

② 한 사람(도둑)을 정하고 훌라후프를 어깨에 걸어 주고, 도둑과 간격이 3사람 이상 떨어져 있는 사람(경찰)에게 훌라후프를 줍니다.

③ 이제 시계 방향으로 훌라후프를 돌리면서 게임이 시작됩니다.

④ 이때 앞의 훌라후프는 도둑이라 하고 뒤를 쫓는 훌라후프를 경찰이라고 합니다.

⑤ 어느 팀이든 경찰이 도둑의 훌라후프와 겹치는 팀이 나오게 되면

이 게임은 끝나게 됩니다.

⑥ 이 아이스브레이크는 많은 움직임을 주기 때문에 야외 활동이나 산을 오르기 전에 몸을 풀 수 있는 좋은 실내 활동이 됩니다.

⑦ 도둑과 경찰의 위치나 상황을 보면서 진행자가 "바꿔!"라고 말할 수 있습니다. 이 명령이 떨어지면 쫓고 쫓기던 훌라후프의 역할과 방향을 역전시켜 그 박진감을 더합니다.

3 훌라후프 통과하기(훌라후프 반전 역전 게임)

① 각 팀은 원을 만든 상태에서 안쪽을 바라보고 손을 잡고 섭니다.

② 두 사람이 훌라후프를 가지고 문을 만들면 모든 팀원은 몸이 닿지 않게 통과합니다.

③ 스팟게임어 서의 '반전'처럼 원형을 유지하며, 손을 놓지 않고 통과하게 합니다.

④ 맨 나중에 훌라후프를 잡고 있던 사람도 몸에 닿지 않고 통과하도록 합니다.

⑤ 손을 잡고 원형을 유지한 채 훌라후프를 통과하는 것이 힘들 때는 림보 게임을 하듯이 손을 놓고 한 명씩 전원이 통과하게 할 수도 있습니다.

27
과일 광주리 게임

개요　누구나 참여할 수 있는 움직임이 많은 프로그램으로 실내와 야외에서도 함께 병행할 수 있는 아이스브레이크 게임입니다. 모임에 참석했지만 아직도 어색하기만 한 참가자 전체가 활력 있게, 서로 부딪치며 자리를 찾아가는 게임으로 진행자의 역할이 계속 바뀌어(참가자 모두가 진행자가 될 수 있다) 소외되는 사람 없이 전체가 하나 되게 하는 장점이 있습니다. 모임이나 강의 중에 또는 점심식사 후에 짧은 시간에 참가자 전원이 에너지 넘치는 게임을 통해 마음을 열어 가는 아이스브레이크 게임입니다.

목적　적극적인 아이스브레이크를 통해 관계 형성 및 스킨십 그리고 웃음과 즐거움을 줍니다.

시간　9분

인원　20~50명

준비물   인원에 맞는 개인 의자, 방석, 야외에서는 발로 밟을 수 있는 발판(장판조각), 고무밴드, 호루라기

진행 방법

1. 참가자들은 둥글게 의자를 놓고 앉습니다.
2. 진행자는 한 사람씩 원형 순서대로 과일 이름을 정해 줍니다. 인원 수에 따라 과일 수도 조정할 수 있습니다. 4개의 과일이 좋으나 인원이 많으면 2~3개를 첨가합니다.
   예) 사과, 배, 감, 귤, 사과, 배, 감, 귤…'을 반복하며 참가자 전체에게 4개의 과일 이름을 부여합니다.
3. 참가자들이 자기 과일 이름을 알고 자신과 같은 과일 이름을 가진 다른 참가자의 얼굴을 기억하게 합니다. (한 번 '사과'면 자리가 바뀌어도 영원한 '사과'임을 알려 줍니다. 즉 지금 앉아 있는 자리가 과일이 아니고 사람이 그 과일 이름이라는 의미입니다.)
4. 게임 리더가 "사과!"라고 외치면 자기 과일 이름이 '사과'인 참가자들은 모두 자리에서 일어나 서로 자리를 바꿉니다.
5. 그때 게임 리더도 한 자리를 차지해서 앉게 되므로 의자가 하나 부족하게 되고 한 사람은 의자에 앉지 못하게 됩니다. (재미있는 벌칙을 부여하면서 진행합니다.)
6. 의자에 앉지 못한 사람은 술래가 되어 또 다른 과일 이름을 부르고 계속해서 반복하여 진행합니다. 어느 정도 게임이 익숙해지면 게임 리더는 술래가 과일 이름을 2개까지 부를 수 있도록 합니다.
7. 게임이 한창 무르익었을 때 "과일 광주리!"라고 외치면 게임 참가자 전체가 자리를 바꾸는 것으로 게임의 흥미를 한 단계 고조시킬 수 있

습니다. 단, '과일 광주리'는 과일들이 5회 이상 이동한 후에 1회씩 사용할 수 있도록 해서 '과일 광주리'가 남발되지 않게 합니다.

> **TIP**
> - 자기의 과일 이름은 바뀌지 않고, 한 번 사과는 영원한 사과라는 걸 꼭 인식시켜 줍니다.
> - 일어났다가 자리가 없다고 다시 자기 자리에 앉을 수는 없습니다.
> - 과일 이름을 속이는 일이 없도록 주의시켜야 합니다.
> - 벌칙은 고무 밴드를 이용하여 머리카락을 묶으면 재미있는 상황이 연출되어 웃음과 즐거움을 줍니다. 고무 밴드가 5개 이상 묶인 사람이 나오면 게임이 끝나는 것으로 합니다.

28
가장 길게? 가장 짧게!
순발력 게임

개요 모임에 참석한 모든 사람들의 적극적이고 자발적인 참여로 각자가 가지고 있는 물건이나 자신의 몸으로 진행자가 원하는 대로 길게, 짧게 연결고리를 이어가는 게임입니다.

목적 팀 간에 경쟁을 통한 팀워크 만들기와 시너지의 효과를 느끼게 합니다. 팀원 간에 성격 파악 및 스킨십을 통한 아이스브레이크를 도모합니다.

시간 9분

인원 2팀 경쟁이 가능한 각 팀 7~10명 이상

준비물 긴 줄자

진행 방법
1 전체 참가자를 7~10명 정도의 인원으로 팀을 나눕니다.

2 참가자가 현재 가지고 있는 소지품을 길게 늘어뜨리기를 하여 가장 길게 한 팀이 승리하게 된다고 설명합니다.

3 가지고 있는 일반적인 소지품은 물론 신발, 양말, 허리띠 등을 사용할 수 있고 수단과 방법을 가리지 않는 사람들은 바지를 벗어 연결하기도 하는데, 이것은 각 팀의 자유라고 설명합니다.

4 게임 상황과 인원에 따라 한 사람이 1개의 소지품만을 내놓을 수 있다는 제한 사항을 제시할 수도 있습니다.

5 교육장 책상과 의자를 벽 쪽으로 밀고, 중앙에 긴 줄자를 늘어놓습니다.

● 토의사항
- 팀원들 중 가장 적극적으로 참여한 사람은 누구였습니까?
- 팀워크를 위한 시너지 효과가 창출되기 위해 더 좋은 방법이 있습니까?
- (전체 활동 중 가장 소극적인 참가자에게) 팀에서의 자신의 역할에 대해 만족하십니까?
- 활동 과정 중에 일어났던 상황들과 사람들의 모습을 잘 살펴보면, 효과적인 질문을 통해 참가자들의 다양한 피드백을 끌어낼 수 있는 게임입니다.

TIP

- 참가자(각 팀원)들의 몸으로 가장 길게 연결한 팀이 승리하는 게임으로 바꾸어 진행할 수도 있습니다. (참가자 모두가 누워서 발끝을 세우고 손을 들어 서로의 발끝을 잡으며 연결해 갈 것입니다.)
- 반대로 각 팀의 활동 상황을 반전시켜 가장 짧게 압축된 팀으로 승리 팀을 결정한다고 설명합니다. (누워 있던 모든 사람들이 벌떡 일어나 가장 짧은 길이를 만들기 위하여 밀착 스킨십이 일어날 것입니다.)

29 반전, 역전 게임

개요 반전, 역전 게임은 다른 아이스브레이크에 비해 훨씬 역동적입니다. 참가자들이 서로 대화와 시행착오를 통하여 원 모양을 반전시키고 또다시 역전시켜 나가는 커뮤니케이션 아이스브레이킹 게임입니다.

목적 스킨십을 통한 셀프 리더십 발생, 커뮤니케이션 스킬, 활동적인 팀워크 훈련

시간 5~9분

인원 한 팀을 8~15명으로 두 팀 이상으로 진행합니다. 팀을 구성할 때, 다양한 팀원들의 공통점을 활용하여 리그룹핑하면 효과적입니다. 예를 들면, 전체 참가자들에게 혈액형이 같은 사람들끼리 모이라고 요청합니다. 그러면 자신의 혈액형을 외치며 3~4개의 팀이 만들어집니다.

준비물 호루라기, 스톱워치

진행 방법

1 각 팀은 안쪽을 바라보고 서서, 원을 만들어 손을 잡습니다. 이때 진행자는 우리 모두가 안을 보고 있는데, 모두가 밖을 바라보는 원을 만들라고 요청합니다.

2 각 팀은 모든 방법을 동원하여 안쪽을 보고 있는 원을, 반대 방향을 보는 원으로 반전하려고 노력합니다. 서로 해결책을 내놓으며 다양한 방법으로 문제를 풀려고 움직입니다.

3 단, 한 번 잡은 손은 게임이 끝날 때까지 놓을 수 없습니다. 이때 어느 팀이든 한 사람이라도 손을 놓으면 반칙이 됩니다.

4 각 팀의 문제해결 방법은 여러 가지가 있으나 가장 쉽게 할 수 있는 방법이 하나 있습니다.

5 보통은 한 바퀴씩 돌아 손을 뒤틀거나 모든 팀원이 각자 빙빙 돌면서 엉키거나, 앉아서 서로의 손을 넘어가기도 합니다. 어떤 팀은 아예 드러누워 뒹구는 팀까지 나옵니다.

6 팀 경쟁이 되다 보면 빨리 문제해결을 해야겠다는 생각에 서로 뒤엉켜서 애를 쓰게 됩니다.

7 결국 시행착오와 어쩌다 우연히 돌다 보니 성공하는 팀들이 나오게도 됩니다.

> **TIP**
>
> - 진행자에게서 안쪽을 바라보고 있는 원에서 밖을 보는 원으로 반전하라는 과제가 주어질 때, 잠시 멈추고 – 생각하고 – 선택하기Stop-Think-Choose의 과정을 통해 셀프리더십이 생기고 서로 대화하며 문제를 풀어 나가는 것이 이 아이스브레이크의 공통된 목표입니다.

- 이 게임에서는 모든 사람들이 '시작' 신호와 함께 모두가 움직이느라고 오히려 더 어렵게 뒤엉켜, 힘들어하게 됩니다. 시행착오를 거치고 성공한 팀도 있고, 우연히 문제해결을 한 팀들도 있게 됩니다. 이때, 모든 팀에게 다시 안쪽을 바라보는 원래의 원형으로 역전하라고 하면 문제를 쉽게 해결하지 못하고 다시 뒤엉키는 팀들이 발생하게 됩니다. 이유는 정확하게 문제해결을 하지 못했기 때문입니다. 문제해결을 안으로 푸느냐, 밖으로 푸느냐에 따라 해결의 실마리가 달라지기도 합니다. 시간이 지나면서 모든 팀들이 성공적으로 문제를 해결하게 될 것입니다. 요령을 터득한 팀들에게 반전, 역전을 신속하게 반복하게 하면서 한번 문제해결을 한 문으로만 빠져나가지 말고 모든 사람들이 문이 되어 통과할 수 있도록 하는 것도 참가자들에게 대단한 아이스브레이크를 경험하는 효과가 있습니다.
- 누구의 아이디어로 문제해결을 했는지, 모든 사람이 정답을 알고 있지 않아도 우리 팀원 중 한두 명만 리더가 되어도 주어진 문제를 해결해 갈 수 있음을 알게 합니다.
- 반전의 요령은 두 사람이 손을 높이 들어 문을 만들고 그 사이로 모든 사람들이 빠져나가면 되는 간단한 게임입니다. 이때, 문제해결을 안쪽으로 하면 더 꼬여 복잡하게 뒤엉키게 되겠지요. 다시 원래의 형태로 역전시킬 때도 안쪽으로 문을 만들어 들어오게 하면 안 풀리게 됩니다. 두 사람이 아치모양의 문을 만들어 거꾸로 밖으로 빠져나가는 것이 가장 쉬운 방법입니다.

30
게 섯거라!
파트너십 게임

개요   2인 1조로 앞사람은 눈을 가리고, 뒤에 선 사람은 앞사람의 몸에 손을 댈 수가 없고 말은 가능합니다. 그렇게 한 팀이 되어 쫓아오는 망나니를 피해 도망 다니는 활동적인 게임입니다.

목적   아이스브레이크, 신뢰감 형성, 원활한 커뮤니케이션의 중요성

시간   9분

인원   230명

준비물   뿅망치 또는 방울 소리가 나는 도깨비 방망이 1개, 참가 인원만큼의 눈을 가릴 수 있는 안대나 밴드

진행 방법

1 두 사람씩 짝을 이루고 가위바위보를 해서 진 사람이 눈을 가립니다.
2 눈을 가린 사람은 앞에 서고, 이긴 사람은 눈을 가리지 않고 뒤에 서서

손을 대지 않고 말로만 눈을 가린 사람을 움직일 수 있습니다.
3. 여기 똑같은 2인 1조로 눈을 가린 술래가 있습니다. 눈을 가린 술래(망나니)는 뿅망치를 들고 뒤에서 자신을 안내하는 사람의 말을 듣고 다른 도망자들을 찾아 움직입니다.
4. "왼쪽으로! 뛰어! 오른쪽으로! 앞으로!" 등의 명령을 통해 술래인 망나니는 다른 사람들을 잡으러 다니고, 다른 참가자들은 술래를 피해 도망 다닙니다.
5. 뿅망치에 맞으면 술래가 바뀝니다.
6. 눈을 가린 도망자들은 모두 두 손바닥을 자기의 가슴 높이로 하여 다른 팀과의 충돌이나 안전을 위해 사용합니다.
7. 망나니는 끊임없이 "게 섯거라!"라고 외치며 쫓아 다녀야 합니다.
8. 어느 정도 진행하다가 2인 1조의 한 팀에서 앞사람과 뒷사람의 역할을 바꾸어 다시 진행하도록 합니다.
9. 술래(망나니)나 도망자들은 게임이 끝날 때까지 절대로 눈을 가린 안대를 뗄 수 없음을 주지시켜야 합니다.
10. 이 게임을 진행하면서 앞사람과 뒷사람의 역할이 처음의 약속처럼 지켜지는지를 꼭 살펴봐야 하고, 충돌로 인한 얼굴, 가슴 등의 부상이 발생되지 않도록 전체 진행자는 세세히 살펴보며 인도해야 합니다.

TIP

- 안전을 위하여 위험한 장애물은 제거해야 합니다. 필요하다면 참가자들이 벗어날 수 없는 원형이나 사각형의 테두리를 표시하여 안전을 도모합니다. 모든 참가자들에게 절대로 뛸 수 없음을 알려 주고, 위험한 행동이나 게임 룰을 지키지 않는 팀은 저지시켜야 합니다.

31
후 아 유?
자기개방 게임

개요   스킨십과 적극적인 활동을 통해 서로를 알아 가는 아이스브레이크 게임입니다. 모든 연령층이 재미있게 참여할 수 있는 '후 아 유Who are you'는 자신의 이름이나 별명 또는 존경하는 인물 이름을 가지고 활동할 수 있습니다. 처음 만난 어색한 모임에서 활용하면 아주 활동적으로 참여가 일어납니다. 잘 알고 지내는 사람들의 모임에서는 이름 대신 별명, 국내외의 유명인사들의 이름으로 흥미롭게 진행할 수 있습니다.

목적   적극적인 자기개방, 커뮤니케이션 기술 개발하기, 관계훈련을 통한 적극적인 스킨십

시간   5~9분

인원   30~220명 이상

준비물   종이, 펜, 스카치 테이프,

진행 방법

1 자신의 등 뒤에 이름이 적힌 종이를 붙입니다. (가명이나 별명)
2 신호와 함께 다른 참가자들의 이름을 적기 시작합니다. 동시에 자신의 등 뒤에 붙인 이름은 다른 사람들이 잘 보지 못하게 합니다.
3 시간 내에 다른 참가자의 이름을 가장 많이 적은 참가자가 승리합니다.
4 진행자는 상대방의 등을 보려고 과격하게 행동하는 것과 반칙을 잘 통제해야 합니다.
5 이름을 보이지 않게 하려고 벽에 등을 대고 움직이지 않는 사람, 의자에 앉아 등을 가린 모습, 급하면 땅 바닥에 벌렁 누워 버리는 사람 등 다양한 모습들이 등장하여 서로에게 웃음을 줍니다.

TIP

- 한 번으로 끝내지 말고 진행 중 쉬는 시간을 두어 전체 상황을 체크합니다. 가장 많이 적은 사람, 가장 적게 적은 사람, 한 명도 적지 못한 사람들이 나타납니다. 이때 진행자는 끝까지 자신의 이름을 보여 주지 않으면서 다른 사람의 이름을 알아 낸다는 것이 얼마나 어려운 것인지를 설명하면서 참가자들에게 게임 요령을 알려 줍니다. 단, 게임 활동을 포기하여 전체 분위기를 깨뜨리는 사람에 대해서는 적절한 통제를 해야 합니다. 주제에 맞는 내용들로 단어 맞추기를 할 수도 있습니다. 나라 이름, 동물이나 꽃 이름, 책 제목, TV 프로그램 제목, 성경 인물 등으로 기획을 하면 유익한 시간을 만들 수 있습니다. 예를 들면 싸이, 오바마, 반기문, 김대중, 클린턴, 김정은, 빅뱅, 명성왕후, 강호동, 소녀시대, 이승기 등 대중성과 시사성 있는 이름이나 그 모임의 테마에 맞는 내용으로 해도 좋은 결과를 얻을 수 있습니다.

32
신문지 뛰어넘기 게임

개요 에너지가 넘치는 좋은 아이스브레이크로는 몸을 움직이는 게임이 최고입니다. 림보댄스가 아래로 아래로 몸을 더 낮춰 장대를 통과하는 게임이라면, 신문지 뛰어넘기 게임은 신문지를 활용한 아이스브레이크 게임으로 우리 가운데 누가 가장 높이 뛰어넘을 수 있는가를 확인하는 활동입니다. 안전하게 진행할 수 있으며, 참가자들이 마음껏 움직이며 게임에 참여할 수 있는 장점이 있습니다.

준비물 신문지를 충분히 준비합니다.

진행 방법

1. 먼저, 참가자 전체가 일어나서 한 줄로 섭니다. 진행자를 도와 게임을 보조할 2명의 지원자가 필요합니다. 신문지를 가장 넓게 펼쳐 양쪽에서 잡고 처음에는 가장 낮은 곳에서부터 시작하여 나중에는 점점 높여 뛰어넘도록 합니다.
2. 손 아래 위치에서부터 시작하여 허리, 가슴까지 높여 가며 참가자들이 하나둘씩 탈락되면서 게임에 대한 집중도가 높아지는 활동입니다. 여

기저기서 박수소리가 나오고 함성과 함께 참가자들의 마음을 하나로 모아 활발한 분위기를 만들어 갈 수 있습니다.

3 참가자들이 뛰어넘다가 실수를 해서 뛰어넘지 못해도 신문지만 찢어지고 다칠 염려는 없는 게임 활동으로 재미있는 아이스브레이킹이 될 것입니다.

33

볼 토스 Ball Toss
패러다임 게임

개요　손을 잡은 팀원들이 공을 바닥에 떨어뜨리지 않고 목표량을 토스하는 게임입니다.

목적　참가자들 간에 워밍업, 패러다임 전환, 행동 개선

준비물　비치볼 4개 이상, 풍선에 바람 넣는 펌프

규칙 및 주의사항
- 손을 절대로 놓지 않아야 합니다.
- 원을 작게 하여 토스하지 않아야 합니다. 즉, 원 안에 일정한 공간이 확보되어야 합니다.
- 게임 도중에 손을 놓게 되면 볼 토스 기록이 '0'이 되고, 땅에 떨어져도 처음부터 다시 시작해야 합니다.
- 가장 중요한 게임의 룰은 손과 발과 머리로만 볼 토스한 것을 인정합니다. 몸이나 무릎 그리고 팔에 맞은 것은 토스로 인정하지 않고 다만 볼이 살아 있는 것으로 인정하여 계속 게임을 할 수 있습니다.

진행 방법

1. 먼저, 참가자들은 둥글게 손을 잡고 안쪽을 보고 섭니다.
2. 비치볼 하나씩을 각 팀에 주고, 손을 잡은 상태에서 공을 떨어뜨리지 않고 토스하는 연습을 할 수 있도록 3~5분 정도의 시간을 줍니다.
3. 진행자는 각 팀별로 볼 토스 연습하는 것을 돌아다니며 확인하고 상황을 살펴야 합니다.
4. 연습 시간이 끝난 후, 각 팀별로 도전하여 목표달성을 위한 게임을 시작하여 체크합니다.

TIP

- 3~4팀으로 나누어 아이스브레이킹을 하면서 바람이 빠지는 공이 없는지 확인합니다.
- 참가자들이 공을 토스하는 횟수를 소리 내어 세도록 유도하는 것이 좋습니다.
- 각 팀의 활동 모습을 보면서 더 많이 토스할 수 있는 방법들을 조언해 줍니다. (볼을 따라 팀 전체가 몸을 움직여라, 인원을 재배치하라 등)

볼 토스 연습이 끝나면 한 팀씩 볼 토스를 해보도록 기회를 줍니다. 각 팀의 볼 토스하는 모습에서 다양한 방법과 아이디어가 사용된 것을 볼 수 있습니다. 목표 30개를 토스한 팀이 거의 나오지 않는 게 이 볼 토스 게임의 묘미입니다. 자, 어떻게 하면 모든 팀이 30개 이상의 볼 토스를 할 수 있을까요? 손을 잡고 볼 토스를 한다고 하면, 평상시 옆사람의 손을 잡는 것처럼 잡게 됩니다. 그러나 볼 토스 '30개' 라는 목표를 이루어 내기 위해 손을 어떻게 잡는 것이 더 좋은 방법인지 팀원들과 소통하면서 게임에 함께 참여할 수 있도록 다양한 피드백과 코칭을 해줄 수 있다는 것이 이 게임의 매력입니다.

● 토의사항
- 다음 사항에 대해 서로 피드백을 해줍니다.
- 우리 가운데 누가 좋은 아이디어를 냈습니까?
- 더 많이 토스할 수 있는 방법을 계속 개선했습니까?
- 나는 생각이 제한되어 있어 수동적으로 참여하지 않았습니까?
- 볼 토스를 위한 동작, 태도, 행동으로 팀워크를 개선해 나갔습니까?

모션 근원 찾기,
관찰 게임

개요   참가자 전원이 몸을 움직여 춤을 추고 다양한 퍼포먼스를 만들어 내며 즐겁게 마음을 여는 아이스브레이크 게임입니다. 30명을 초과하면 게임의 흥미가 떨어지므로 참가 인원을 잘 조절해야 하며, 짧은 시간에 전체를 참여시켜 분위기를 활력 있게 만드는 효과가 있습니다. 또한 참가자들이 원형으로 서서 서로를 바라보며 관찰할 수 있는 상호작용의 기회를 만들 수 있습니다.

진행 방법
1. 참가자들이 손을 잡고 안쪽을 보고 둥글게 서게 합니다.
2. 술래를 정하고 원 안에 서게 한 후, 잠시 눈을 감게 하여 참가자들 가운데 모션의 근원을 선정하고 모션 게임을 시작하도록 합니다.
3. 게임 참가자들에게 모션 근원으로 선정된 사람의 모션을 따라하게 합니다.
4. 이때, 술래가 눈을 뜨고 참가자들이 따라하는 그 모션이 누구로부터 시작됐는지, 그 모션의 근원지(자)를 찾아내는 게임입니다.
5. 게임에 참여하는 사람들은 술래가 눈치채지 못하도록 모션을 따라해

야 합니다. 즉 모션 근원자를 계속 쳐다보면 안 되겠지요.
6 술래는 모션 근원지가 어디인지 세 번의 기회에 찾아야 하는데, 정확히 찾아내면 그 근원을 시작했던 사람이 술래가 됩니다.
7 모션 근원지를 찾아내지 못하면 술래에게 재미있는 벌칙을 추가하고 모션 근원 역할을 잘해 낸 사람에게는 상품을 줍니다.

> TIP
- 어떠한 모션도 괜찮으나 모두가 즐거울 수 있는 건전한 행동이 좋습니다. 한 동작을 계속하게 되면 지루하므로 모션 근원자는 15~20초에 한번씩 모션을 바꿔야 한다는 룰을 추가할 수 있습니다.

35

순서대로 & 끼리끼리 팀 게임

개요　참가자 전체가 가지고 있는 공통점과 다른 점을 이용한 관계 형성과 스킨십, 대화를 통하여 팀원들의 마음을 열어가는 아이스브레이크 게임입니다. 팀워크와 공동체 의식을 형성시켜 주는 팀업Team Up 활동으로 멋진 팀이 구축되는 경험을 할 수 있습니다.

목적　'순서대로 게임'은 팀 내에서 주어지는 주문에 맞추어 다른 사람과 비교합니다. '끼리끼리 게임'은 팀을 떠나 참가자 전체에서 공통분모를 찾아 리그룹핑하는 활동입니다.

진행 방법

1 순서대로 게임

① 진행자가 요구하는 것을 정해진 시간 내에 한 줄로 정렬하여야 합니다.

② 여를 들어 진행자가 "키 순서대로 서세요!"라고 말하면 팀원 전체가 자리에서 일어나 서로의 키 순서대로 (작은 사람이 앞에, 큰사람이 뒤에) 서고 다 완료되면 자리에 앉아 팀 구호를 외치게 합니다.

③ 진행자는 정확한 순서대로 정렬했는지를 확인합니다.

④ 가장 빨리 (틀린 사람 없이) 완료한 팀이 승리하는 게임입니다.

2 끼리끼리 게임

① 끼리끼리는 순서대로에서 진행한 것처럼 팀 안에서만 활동이 이루어지는 것이 아니라 참가자 전체 속에서 공통적인 조건을 가진 사람들이 하나의 팀으로 리그룹핑하는 활동입니다.

② 예를 들어 "같은 성씨별로 모이세요!"라고 하면 조와는 상관없이 정해진 시간 안에 같은 성씨별로 사람들이 찾아 모이는 게임입니다.

③ 정해진 시간이 지나면 진행자는 제대로 모였는지 확인하고 같은 성씨가 두 팀 이상으로 구성되어 있다면 한 팀으로 합류시킵니다.

④ 진행자는 모인 팀별로 서로 대화하는 시간을 갖게 합니다.

> **TIP**
>
> - '끼리끼리 게임' 소재로는 살고 있는 동네, 태어난 달, 출신 모교, 성씨, 혈액형 등이 있습니다. '순서대로 게임' 소재로는 손바닥 크기, 생일 순서, 머리 길이, 현재 같이 살고 있는 가족 구성원 수 등이 있습니다.

● 토의사항
- 우리는 서로에 대해서 얼마나 알고 있나요?
- 차이점과 공통점의 소중함에 대하여 이야기하게 합니다.

36

난파선 올라타기, Everybody Up Game

지구는 만원, 신문지 올라타기, 오염지대에서 살아남기

개요 짧은 시간에 참가자 전체의 협동심과 아이디어 그리고 문제해결 능력을 통한 강력한 스킨십이 형성되는 아이스브레이킹 게임입니다. 생각할 겨를도 없이 모두가 참여해야 하는 게임의 흐름 때문에 자연스럽게 관계를 촉진하는 효과가 있습니다.

목적 주어진 패드 안에 최대한의 인원이 올라가서 5초 동안 머물기

준비물 3단(90×90 / 70×70 / 50×50)으로 된 패드, 또는 신문지

진행 방법
1. 제일 큰 패드에 올라가서 5초를 버티면 그 다음 패드를 줍니다.
2. 중간 패드를 통과하고 마지막 패드까지 팀 전원이 올라가는 팀이 승리합니다.
3. 장판을 이용할 경우 큰 패드 밑에 작은 것들을 깔아 두어 하나씩 제거하며 진행하면 참가자의 반응이 효과적입니다.

> **TIP**
> - 진행자는 항상 안전에 신경 쓰고 주위의 위험한 물건들을 제거하여 안전사고를 예방합니다.
> - 한 사람이라도 패드 밖으로 떨어지거나 발이 나오면 실격 처리됩니다.
> - 다른 도구를 사용할 수 없습니다.
> - 떨어질 수 있는 위험한 행동은 주의를 주어야 합니다. (목마타기, 안기, 탑 세우기 등)

37
내 다리가 네 다리, 팀업 게임

개요 '난파선 올라타기'와 비슷한 게임으로 짧은 순간에 팀원들의 협동과 어울림으로 팀을 세워 나가는 팀업 아이스브레이크 활동입니다.

진행 방법

1. 전체 인원을 2~3개의 팀으로 나눕니다.
2. 각 팀 참가자가 10명이면 그 팀의 다리 수는 20개가 됩니다.
3. 이때 진행자가 팀의 다리를 7개로 만들라고 하면 수단과 방법을 가리지 말고 7개의 다리를 만들어 냅니다.
4. 점차적으로 다리 수를 줄여 나가는 활동으로 가장 많이 줄인 팀이 승리하는 게임입니다.

> **TIP**
>
> - 다리 수를 줄일 때마다 약 5초 정도의 시간을 견뎌야 합니다. 진행자는 안전사고를 예방하고 진행해야 합니다. 전체를 몇 개의 팀으로 나누어서 팀 대항으로 진행할 수도 있지만, 전체를 하나의 팀으로 운영하여 팀업을 이루어 내는 성취를 맛보게 합니다.

IceBreak
Benefit

▼
▲

참가자에게 유익한 경험을 줘라

아이스브레이크는 모든 사람에게 유익be of benefit to men해야 합니다. 그렇기 때문에 일반 레크리에이션에서 하듯이 한 명을 바보로 만들고 나머지 사람들이 즐거우면 된다는 식의 아이스브레이크를 생각해서는 안 되겠지요. 또한 교관과 조교가 있는 군대 문화적인 요소를 보여서도 안 됩니다. 우리 일터나 팀 안에는 은연중에 군대 문화의 권위와 명령들이 모임과 교육 안에 드러나는 것을 볼 수 있습니다. 참가자들을 인격적으로 대해야 하고, 단 한 명이라도 기분이 상할 수 있는 멘트나 프로그램을 진행해서는 안 됩니다. 특히 성적인 농담이나 블랙유머는 진행자나 강사의 격을 떨어뜨리는 요소가 됩니다. 아이스브레이크는 진행자와 참가자 모두에게 도움이 되고 유익한 활동으로 진행되어야 합니다.

절대로
오목이 아닙니다

개요 긍정적 태도를 말하는 사람이 태도가 더 부정적이고, 원칙을 이야기하는 강사가 더 원칙이 없고, 소통이 중요하다고 하는 사람들이 오히려 꽉 막혀 있는 경우를 종종 보게 됩니다. 사람은 배워서 알고 있는 것과 삶에서 행동하는 모습에는 큰 차이가 있습니다. 부정적 감정과 태도가 문제를 해결해 가는 데 도움이 안 된다는 것을 알면서도 우리는 긍정적인 마음의 자세와 좋은 면만 보는 데 익숙하지 않습니다. 경청을 그렇게 많이 듣고 배웠지만, 내가 먼저 말하려고 하고, 아예 듣지 않으려는 리더들도 많습니다. 이처럼 아는 것과 실제의 삶의 태도가 차이 나는 것을 아이스브레이크 게임을 통해서 경험해 봅니다.

진행 방법

1 전체 주어진 시간은 2분이며, 높은 점수를 얻은 사람이 승자가 되는 게임입니다. 점수 획득 방법은 4개 연속은 1점, 5개 연속은 2점, 6개(3점), 7개(4점), 8개(5점)……. 점수는 무한대로 획득할 수 있습니다. 먼저, 파트너와 가위바위보를 하여 O나 X를 선택하여 시작합니다. 가위바위보에서 진 사람의 종이를 가지고 먼저 첫 게임을 시작합니다.

2 시작하기 전에 참가자들에게 다음과 같이 게임의 제목을 크게 외치게 합니다. "절대로 오목이 아닙니다!"

3 오목은 3·3이 되거나 3·4가 되게 만들거나 5개가 만들어지면 게임이 끝나지만, '절대로 오목이 아닙니다' 게임은 주어진 시간 동안 가장 많은 점수를 얻는 사람이 이기는 게임이라고 설명합니다.

4 절대로 오목이 아니라고 외쳐 놓고도 게임이 시작되면 결국은 오목을 두고 있는 자신들의 모습을 발견하게 되는 것이 이 게임의 묘미입니다.

5 서로 게임을 하면서 상대가 연속해서 3개 이상(4개 연속이면 1점 획득이 시작되므로) 이어가는 것을 허용하지 않으려는 심리가 발동하게 됩니다. 결국 주어진 시간 동안 서로 점수를 주지 않으려고 상대방의 점수 획득을 막다가 끝나 버리고 마는 경우가 허다합니다. 점수 계산을 하

게 한 후, 몇 점씩 획득했는지 확인합니다. 게임 참가자들에게 20점 이상 점수를 획득한 사람들에게 손을 들어보라고 요청합니다. (신기하게도 거의 모든 참가자들은 손을 들지 못합니다. 다시 10점 이상 획득한 사람들이 있는가 물어 보아도 손을 드는 사람들이 없습니다.)

6 오히려 어떻게 그 높은 점수를 얻을 수 있는가 궁금해하는 참가자들에게 '절대로 오목이 아닙니다' 게임의 목적이 윈 – 윈 게임이라고 말하고, 상대방의 점수 획득을 막으려고 하지 말고, 자기 게임에만 집중하면 서로가 더 많은 점수를 얻을 수 있는 게임이 될 것이라고 설명합니다.

7 다시 한 번 오목이 아님을 상기시키고 나서, 두 번째 게임을 진행합니다.

8 이번에는 참가자 모두가 승리하는 게임을 시작해 봅시다. 신나게 게임을 하는 참가자들에게 2분 정도 시간을 준 후 게임 종료를 알리고 점수는 계산하지 않아도 된다고 말합니다. 윈 – 윈 게임의 의미를 강의 내용과 연결시켜 스몰토크로 활용해도 효과적인 아이스브레이크가 될 것입니다.

39
로꾸꺼 게임

개요 이 브레인스토밍 게임은 팀 토의나 아이디어 회의를 들어가기 전에 팀워크를 위한 아이스브레이크로 활용하면 좋습니다. 워밍업으로 이 게임을 간단히 하고 난 후, 실제로 진행할 브레인스토밍을 해보면 참가자들의 태도와 마음의 자세가 달라지는 것을 발견하게 됩니다. 팀원들의 생각을 넘어 아이디어들을 모아 보는 게임으로도 좋습니다. 게임을 진행해 보면 쉽게 이야기할 수 있는 재생산적인 것들 말고, 경쟁력 있고 팀에 도움이 되는 생산적인 아이디어를 끌어내는 참가자들이 하나 둘 생기면서 팀 분위기가 좋아지는 아이스브레이크 활동입니다.

인원 3명 이상의 팀, 또는 하나의 소그룹

시간 5~9분

준비물 종이와 펜, 모두가 볼 수 있는 화이트보드나 모조전지

진행 방법

1. 참가자에게 종이와 펜을 나눠 줍니다.
2. 참가자들에게 약 4분의 시간을 주고 앞에서 읽어도 뒤에서 읽어도 똑같은 말이 되는 단어나 문장을 최대한 많이 적도록 요청합니다. 단어는 3음절 이상, 문장은 4음절 이상이어야 한다는 조건을 부여해야 합니다.
3. 시간이 지나면, 각 팀의 순서를 정해 팀별로 돌아가면서 적은 것을 발표하면서 게임이 시작됩니다.
4. 게임 방식은 간단합니다. 앞 팀에서 발표한 것은, 다른 모든 팀에서 사용할 수 없습니다. 예를 들면, 한 팀에서 '오디오'를 발표하면, 각 팀에 '오디오'라는 아이디어는 모두 폐기처분됩니다. 그 아이디어는 이미 다른 팀에서 발견하여 발표한 것이므로 다른 팀들은 모두 사용할 수 없습니다.
5. 계속 돌아가며 적어 놓은 내용을 발표하다가 적은 내용이 다 떨어진 팀은 게임에서 탈락하게 되는 것입니다. 끝까지 발표할 내용이 남아있는 팀이 이기는 게임입니다.

> **TIP**
>
> - 단어는 명사여야 하고 문장은 모든 팀에서 인정하는 내용이어야만 합니다. 예를 들면, 꿀꿀꿀, 졸졸졸, 차차차, 오시오, 나야나, 일대일, 이대이, 늑녀남, SOS 등과 같은 의성어, 의태어, 동사식 문장은 안 되겠지요. 그러나 맨투맨이나 비투비B2B처럼 널리 쓰이는 외래어는 가능합니다.

이 팀 브레인스토밍 게임은 개인과 팀의 경험, 직업, 독서, 재치에 의해서 억측이 무성할 수도 있습니다. 이때 사회자의 융통성과 분명한 진행이 필요합니다. (인정해야 할 것과 잘라 내야 할 것에 대한 분명한 진행태도) 자, 이제 모든 사람들의 두뇌폭풍이 휘몰아쳤으니 진짜 강의에서 진행해야 할 브레인스토밍 시간으로 들어 가도 학습 분위기가 좋겠지요?

가정에서 식사 후 가족끼리 이 게임을 해보면 청소년들의 생각과 주부의 생각 그리고 직장 생활하는 사람들의 생각들이 서로 다른 삶의 영역에서 얼마나 다른 단어나 문장을 만들어 내는지 바로 알 수 있습니다.

※ 앞뒤 같은 말은 이런 것들이 있습니다. 프로그램을 진행하다 보면 참가 대상에 따라 전혀 생각지도 못했던 단어들과 문장들이 만들어지고 발견되는 것을 봅니다.

일요일, 토마토, 동작동, 도시도, 일주일, 코스코, 서약서, 그리그, 맨투맨, 기러기, 아리아, 기중기, 로메로, 사진사, 아시아, 스위스, 사육사, 실험실, 전반전, 전면전, 바밤바, 소개소, 다시다, 티엔티, 라사라, 마그마, 오디오, 바라바, 바나바, 구로구, 왕중왕, 대구대, 귀타귀, 토론토, 이쁜이, 트로트, 조용조, 오레오, 원로원, 장사장, 우향우, 좌향좌, 골든골, 전초전, 역삼역, 군위군, 산방산, 이베이, 기울기, 지리지, 맛대맛, 지대지, 기화기, 관리관, 여보 안경 안보여, 여보게 저기 저게 보여, 짐 사이에 이사 짐, 가장 한심한 장가, 다가서서 가다. 다시 합창합시다. 소주 만 병만 주소. 오이 꽃 이오. 다 큰 도라지일지라도 큰다. 인상파상인, 이따이 이따이······.

Play DiSC Game,
DiSC로 아이스브레이크 하기

강의나 모임에 참가한 사람들의 타고난 행동유형이 어떤 사람들인지 궁금하지 않은가요? 성격유형 검사 디스크DiSC를 이용하여 참가자들의 행동유형을 알아보는 플레이 디스크 게임입니다. 학습 참가자들 중에 주도형, 사교형, 안정형, 신중형 중에 어떤 유형의 사람들이 더 많은지, 참가자들의 유형 분포는 어느 정도인지 아이스브레이크 게임으로 간단히 파악해 보는 효과도 있습니다. 다음의 반응 양식 12개의 문항에 '4점, 3점, 2점, 1점' 단계로 점수를 기록합니다.

4점은 당신을 가장 잘 설명하는 것이고, 1점은 그 반대입니다. (즉 당신하고 거리가 멀거나 관계가 없는 내용입니다.) 3점과 2점은 적절하게 당신의 행동경향의 강도에 따라 기록하십시오.

주의사항이 하나 있습니다. 점수를 기록할 때, 당신이 취해야 할 가장 좋은 반응이 아니라 당신의 무의식적인 행동에 초점을 맞춰 기록해야 합니다. 깊이 생각하지 마세요. 여기에 옳고 그른 정답은 없다는 것을 유념하시기 바랍니다.

예를 들면, 다음 4개의 행동유형에 대해 이렇게 표시할 수 있습니다.

| 예시 | 주도적인 | 3 | 사교적인 | 4 | 안정적인 | 2 | 신중한 | 1 |

위의 4개 단어 가운데 가장 나를 잘 표현한 단어인 '사교적인'에는 4점을, 나를 설명하는 데 있어 나의 행동스타일과 가장 거리가 먼 단어인 '신중한'에는 1점을, 그리고 3점, 2점 순서로 점수를 주면서 계속 진행하면 됩니다.

다시 한 번 말씀드리면 '가, 나, 다, 라'에 나온 12항목의 단어를 읽고 본능적으로 가장 나를 잘 설명한 단어에 4점, 그 반대의 경우에 1점, 그리고 3점, 2점 순서로 진행합니다.

	가	나	다	라
1	심각한	솔직한	쾌활한	충직한
2	재치 있는	힘찬	생동감 있는	겸손한
3	일관성 있는	공격적인	감정적인	고분고분한
4	정확한	직접적인	활기에 넘치는	유쾌한
5	완벽주의자	거친	사람 중심의	친절한
6	조심성 있는	용감한	충동적인	상냥한
7	엄밀한	경쟁적인	표현하는	협조적인
8	사실에 입각한	위험을 감수하는	수다스런	신사적인
9	논리적인	논쟁을 즐기는	재미를 좋아하는	인내하는
10	조직적인	대담한	즉흥적인	견고한
11	의식적인	주도적인	낙관적인	평화로운
12	높은 기준의	독립적인	열정적인	좋은 경청자
합				

※ 만약 당신의 합계가 120이 되지 않으면 검사를 완전하게 마치지 않았거나 합계를 잘못 계산한 것이니 다시 점검해 보십시오.

이 검사는 당신의 일반적인 DiSC유형을 알아보기 위해 국제제자훈련원의 〈전방위리더십〉을 참고하여 만들었습니다. 좀 더 세밀한 평가를 원한다면 확장된 프로파일 분석을 제공하는 한국교육컨설팅연구소(김영회 박사)에서 사용하는 도구를 권장합니다.

DiSC 진단 결과에 따라 합계된 점수를 아래의 기록표에 옮겨 적으십시오.

〈기록표〉

나 — D	다 — I	라 — S	가 — C

1. 기록표에 있는 D-I-S-C의 특성 합계를 옆의 그래프 위에 구상해 보십시오. 그리고 네 점을 직선으로 연결하십시오.
2. 그래프를 작성한 뒤, 중간선 위의 모든 구획점들에 동그라미를 그려 보세요.

   나의 높은 유형은? _____
3. DiSC 유형의 정의 내리기
- 주도형: 목표와 결과의 성취를 향하여 일한다.
  활동적이고 도전적인 환경에서 최고의 능력을 발휘한다.
- 사교형: 사람들을 말로 설득하며 관계 지향적으로 일한다.
  친밀하고 호의적인 환경에서 최고의 능력을 발휘한다.
- 안정형: 다른 사람들을 지지하며 서로 협력하는 방식으로 일한다.

지지하고 화목한 환경에서 최고의 능력을 발휘한다.
- 신중형: 일을 바르게 하고 세밀한 것에 집중하는 방식으로 일한다. 구조적이고 조직적인 환경에서 최고의 능력을 발휘한다.

4 위의 정보에 기초하여 자신에 대해 개인적으로 정의를 내려 보세요.

나는 일할 때, _____ 하는 경향이 있다.

그리고 내가 가장 일을 잘할 수 있는 환경은 _____ 이다.

5 DiSC talk: 같은 유형끼리 모여 트의하기

① D-i-S-C, 우리의 행동유형을 상징하는 것은 무엇입니까? 예를 들면 D타입은 탱크, 불도저, C타입은 자, ruler, 계산기…….

② 우리 행동유형의 강점과 약점은 무엇인가요?

③ 우리 유형의 행동 특징은?

— 식사할 때:

— 엘리베이터에서:

— 노래방에서:

— 운전할 때:

— 쇼핑할 때:

④ 우리 유형이 싫어하는 행동유형이나 인물은 누구입니까?

⑤ 우리 유형이 좋아하는 행동유형이나 인물은 누구입니까?

스트레스 다루기? 스트레스 가지고 놀기!
스트레스 = 미니 에이즈

당신은 어떤 상황, 어떤 조건에서 스트레스와 긴장감을 느끼시나요?

브라이언 트레이시는 모든 사람들에게 나타나는 6가지 공통적인 스트레스 상황을 다음과 같이 말합니다.

첫째, 인생에 있어서 사는 의미와 목적이 결핍되었을 때.

둘째, 미완성 행위와 미완의 관계.

셋째, 실패에 대한 두려움.

넷째, 거절에 대한 두려움.

다섯째, 현실과 직면하는 것을 거부하는 것.

마지막으로 분노.

당신은 언제, 어디서, 어떤 상황에서 스트레스를 잘 받습니까?

스트레스를 미니 에이즈mini-aids라고 말할 정도로, 평상시에는 정상적이던 사람이 어떤 상황에 처하게 되면 면역력을 상실한 것처럼 극도로 부정적인 감정과 태도를 가지면서 생활이 엉망진창이 돼 버립니다. 통제력도 없고 인내심도 없어 자신이 이루어 온 행복과 안정적 관계들에 상실감을 주고 부정적으로 만들어 버리는 이 미니 에이즈를 어떻게 다루는 것이 효과적일까요?

아래 토마스 홈즈와 리차드 레이가 개발한 도표를 토대로 자신의 스트레스 지수를 체크해 봅시다.

한 해에 200점이 넘으면 질병에 걸릴 확률이 높을 만큼 대단한 스트레스를 받고 있는 것이 현재를 살아가는 우리입니다. 자신의 점수에 대해 체크하고 괜찮다면 자신이 경험한 스트레스의 구체적인 사항에 대해 팀원들과 간단한 아이스브레이크로 활용해 봅시다.

1. 나의 스트레스 체크리스트

스트레스 사건	스트레스 점수 (100점 기준)

2. 스트레스 요인과 점수

자식 사망(74), 배우자 사망(73), 부모 사망(66), 이혼(63), 형제자매 사망(60), 별거(53), 감옥(복역) 생활(50), 해고나 파면(50), 친한 친구의 사망(50), 결혼(50) 결혼 약속(44), 가족의 중병이나 중상(44), 정년퇴직(41), 유산(38), 임신(37), 입학이나 취직 실패(37), 성불능(39), 가출하거나 군대 간 자식의 귀가(36), 새로운 가족의 등장(36), 가족 내 환자 발생

(35), 주택이나 부동산 구입(35), 학업의 시작이나 중단(34), 시댁이나 처가 혹은 일가친척과의 불화(34), 배우자와의 잦은 언쟁(35), 3천만원 이상의 저당과 대부(31), 저당이나 대부의 만기 임박(30), 직장에서의 책임 변화(29), 업적의 성취(26), 배우자의 실직이나 취업(26), 생활 조건이나 습관의 변화(25), 상사와의 불화(23), 근무시간 및 조건의 변화(20), 거주지의 변화(20), 학교의 변화(20), 식습관 변화(15), 잠자는 습관의 변화(15)…….

물론 1~10점에 해당하는 작고 사소한 것들도 우리에게 스트레스를 주는 요인입니다. 쇼핑하면서 불친절함에 기분이 나쁘고, 운전대만 잡으면 부정적이고 공격적인 태도로 바뀌는 사람들부터 길이 막히면 답답해하거나 불평하는 사람들까지 온통 스트레스를 주는 상황들입니다. 이런 스트레스를 주는 상황을 어떻게 가지고 놀 것인지가 중요합니다.

3. 스트레스 가지고 놀기

1. 하루에 일정하게 5분을 쉬어라. (Brain Break)
2. 개인적인 약속이든, 직업적인 약속이든 항상 10분 일찍 도착하라.
3. 걱정하지 말라.
4. 행동에 대한 책임을 져라.
5. 작업공간을 늘 깨끗이 정리하라.
6. 시간을 잘 관리하기보다 당신 자신을 잘 경영하라.
7. "No!"라고 말하는 법을 배워라.
8. 내가 이룬 것에 대해 스스로에게 상(보상)을 줘라.
9. 마지막 결과에 대해 연연하지 말라. (초연하라.)
10. 당신 자신과 다른 사람들에게 감사함을 표시하라.

잘 생각해 보면 위의 10가지가 지난 1~2년 동안 우리의 생활에 스트레스를 주는 주범들이었을 것입니다.

4. 나만의 스트레스를 다루는 방법을 나누어 봅시다.

의사들이 말하는 공통적인 스트레스 해결 방법은 운동입니다. 운동만큼 효과적인 대처 방법이 없다고 말합니다. 당신은 어떻게 스트레스를 물리치고 있습니까? 의사들이 권장하는 스트레스 퇴치법은 다음과 같습니다.

- 운동을 하라!
- 좋은 친구와 대화를 하라!
- 악기 연주, 노래하는 시간을 가져라!
- 깊은 이완의 시간을 가져라!
- 목표와 연관하여 긍정적인 스트레스로 만들어라!
- 편지쓰기나 목표를 글로 적어 보라! (몰입과 집중의 법칙)

5. 나는 스트레스 S.T.R.E.S.S 를 이렇게 가지고 논다.

- Sports — 운동하라, 지금 어떤 운동을 하고 있습니까?
- Travel — 여행하라, 언제 어떤 여행이 기억납니까?
- Recreation — 잘 놀아라, 어떤 취미, 휴식을 가지고 있습니까?
- Eating — 잘 먹어라, 내 몸에 무엇을 받아들이고 있습니까?
- Sleeping — 잘 자라, 하루 몇 시간을 주무시나요?
- Smile — 웃어라, 항상 미소 지으세요. 만 가지 복이 찾아옵니다!

42
숫자 암호 추리 게임

개요   지능이나 수리능력 테스트가 아니라, 재치와 관심을 측정하기 위한 것으로 전체가 참여하는 개인별 게임으로도 좋고, 팀워크를 다지는 경쟁프로그램으로 긴장감과 어색함을 깨는 아이스브레이크 게임으로 효과적입니다.

진행 방법

1. 목적과 의미를 부여하여 선택한 숫자의 첫 음절과 마지막 음절을 알려줍니다. 예를 들면, 7 = 행 …… 수(행운의 수) / 4 = 자 …… 수(자동차 바퀴 수) 등이 있습니다.
2. 게임 소재로 활용할 숫자는 진행자의 의도나 모임의 성격, 특성, 구성원의 조직과 팀에 관련 있는 것이 좋겠지요. 예를 들면, 창립기념일, 팀의 목표치, 우리 조직의 점포 개수, 직원 수 등 상징적인 숫자를 선택하여 관심과 학습의 효과까지 끌어낼 수 있습니다.

먼저, 아래 있는 숫자들이 의미하는 첫 음절을 시작으로 문장을 완성해 봅시다.

- 21 = 한 ············-············ 수
- 24 = 하 ············-············ 간
- 9 = 야 ············-············ 수
- 32 = 장 ············-············ 수
- 1001 = 아 ············-············ 트
- 18 = 태 ············-············ 수
- 6 = 대 ············-············ 수
- 88 = 피 ············-············ 반

정답을 하나하나 맞히는 과정에서 웃음과 아이스브레이크가 이루어집니다. 엉뚱한 발상과 정답으로 제시된 것보다 더 재치 있게 다양한 문장들을 만들어 내고 순발력 있게 해결해 내는 참가자들의 기발한 답들로 재미있게 진행되는 아이스브레이크 게임입니다.

정답 숫자 암호 추리게임

올림 개수 / 장승 일 기수 / 시들의 리기 / 아이 오디세우스 야구 / 개수 대장경 / 개수 팔레트 수 / 피아노 건반

43
푸시업 게임

개요 '푸시업Push-Up'하면 무엇이 떠오르나요? 아마도 푸시업하는 방법을 모르는 사람은 없을 겁니다. 누구나 한번쯤은 경험해 보았을 텐데요, 이 푸시업을 강의 중이나 모임 중에 전체와 함께하는 연출된 아이스브레이크로, 모두를 하나로 모아 유쾌한 경험을 공유할 수 있는 액티비티 러닝 게임으로 활용하면 상황을 바꾸는 멋진 진행이 될 것입니다.

푸시업이 건강에 좋은 이유 21가지《내 영혼의 푸시업》

1. 심장 근육이 튼튼해진다.
2. 근육과 뼈밀도가 튼튼해진다.
3. 허리통증, 오십견, 골다공증을 예방한다.
4. 성장 호르몬 분비 증가로 키가 잘 자란다.
5. 기초 대사량이 늘어나 자연스럽게 군살이 빠진다.
6. 근력과 근지구력이 강화되어 피로가 줄어든다.
7. 혈당수치가 떨어지면서 당뇨병이 개선된다.
8. 심장병, 고혈압, 뇌졸중, 중풍, 동맥경화를 예방한다.
9. 경추디스크, 어깨 결림이 사라진다.

10 단전이 튼튼해지고 위장이 좋아진다.
11 초조, 우울, 불안증이 개선되고 기분이 좋아진다.
12 편두통과 불면증이 사라지고 업무능력이 향상된다.
13 자신감이 생기고 사고와 판단이 명료해진다.
14 등과 어깨가 균형이 잡히고 반듯해진다.
15 피부호흡으로 살결에 탄력이 생기고 부드러워진다.
16 임독맥이 뚫리고 대맥이 돌면서 소주천이 된다.
17 체력이 강화되고 내면의 활기도 왕성해진다.
18 노인성 질환을 예방하며 노화 속도를 감소시킨다.
19 굳은 근육과 관절이 풀리면서 유연성이 높아진다.
20 마음에 여유가 생기고 대인관계가 원만해지며 스트레스가 해소된다.
21 집중력과 지구력이 길러져서 포용력이 높아진다.

여기어 아이스브레이킹으로서의 푸시업의 효과를 더하자면 강의나 모임의 순간을 부드러운 분위기로 바꾸어 주는 효과가 있습니다. 또한 참가자들이 강의에 집중하여 강사와 더 가까워지는 반전의 효과가 있습니다. 말로만 이루어지던 강의가 몸을 움직이면서 생각이 움직이는 경험도 할 수 있는 좋은 기회입니다.

진행 방법
1 먼저, 각 팀을 대표하는 푸시업 대표를 한 명씩 뽑아 달라고 요청합니다.
2 팀 대표 선수는 참가자들이 모두 볼 수 있는 자리로 나와 푸시업 준비를 합니다.

3. 푸시업의 원칙은 팔굽혀펴기를 하면서 어깨와 엉덩이가 함께 내려갔다 올라와야 한다는 것입니다.
4. 게임이 시작되면서 진행자가 외치는 구령에 맞춰 푸시업을 하면서 한 팀씩 탈락하게 되어 마지막에 남은 한 팀이 승리하게 됩니다.

> TIP

- 각 팀을 대표로 나온 선수들인 만큼 푸시업을 잘하는 사람들이 나오게 됩니다. 처음에는 천천히 구령을 하지만 시범을 보이는 선수들을 위해서 구령을 빨리 해주면서 원칙을 확인해야 합니다. 재미있게 아이스브레이킹하려고 한 활동이 불평이 많아지고 시비가 생기기 시작하면 안 하느니만 못하겠지요.
- 진행자가 푸시업 시범을 보이면서 전체가 푸시업을 해보는 것도 순간적 반전을 위한 좋은 아이스브레이킹이 될 수 있습니다. 한번 시도해 보세요. 재미있는 상황이 연출됩니다.

44
3인 학습 코칭 교수법

개요　"학생들이 충분한 양의 정보를 획득했다고 해서 학습의 전이가 자동적으로 일어날 것이라고 생각하는 교사는 없을 것이다. 의미있고 효율적인 학습의 전이는 교사가 잘 도와줄 때만 일어나는 것이다."(데이비드 소사,《뇌는 어떻게 학습하는가》)

　어떻게 하면 모든 학습자들을 효과적으로 참여시켜 기억능력과 학습능력을 향상시킬 수 있을까요? 진도는 다 나갔는데 학습자들은 학습내용이 하나도 기억이 나지 않는다면 어떨까요? 3인 학습 코칭 교수법은 3인 1조가 되어 모든 학습자가 가르치면서 배우는 교수법입니다.

준비물　포스트잇, 스터디 카드, 필기도구

진행 방법

1. 3인 1조가 공유할 학습내용이나 특정 주제를 제시해 줍니다. 예를 들면, 리더십 세미나에서 첫날 모든 학습을 마치고, 복습이 필요한 중요한 내용을 몇 개의 주제로 나누어 각 사람들에게 맡겨 책임지고 학습하여 다른 학습자들에게 가르치게 하는 것입니다. 가르치는 것만큼 효

과적인 학습이 없다고 하지요. 다른 사람을 가르치기 위해서는 그만큼 자신의 것으로 소화하여 전달해야 하므로 전후 학습내용을 더 잘 알아야 합니다.

2 3인 1조의 세 사람에게 a 긍정적인 정신자세, b 잠재의식의 힘, c 부정적 감정 없애기 주제를 주고 배운 것을 학습한 내용 안에서 잘 정리하게 합니다. 자신만의 프레젠테이션 스타일로 가르치기 위해 보내는 짧은 시간은 리더십 세미나가 끝난 이후에도 오래도록 기억에 남는 시간이 됩니다. 포스트잇에 주요 개념을 적어 참가자의 인원만큼 나누어 주고 다른 많은 참가자들을 만나 자신에게 주어진 개념을 정리하여 설명하고 다른 참가자들의 주제를 들으면서 반복적인 복습효과를 얻습니다.

> **TIP**
> - 3인 학습 코칭 교수법은 다양한 방법으로 응용이 가능한 반복학습입니다. 강사의 의도에 따라 학습한 내용의 핵심주제나 중요한 질문들을 스터디 카드에 적어 각 팀에게 나누어 줍니다. 스터디 카드에 기록된 티칭 주제를 보면서 자신 있는 주제의 카드를 한 장씩 선택하여 학습한 내용을 정리하여 기록하거나 카드에 기록된 질문에 적절한 답변을 하도록 합니다. 자신의 카드를 각자 들고 일어나서 참가자 전원이 돌아다니면서 만나는 사람들에게 자신의 카드의 주제를 이야기하고 거기에 대한 자신의 정리된 생각을 기록한 대로 읽게 합니다. 발표된 주제나 질문에 대한 더 좋은 답변이 있다면 다른 참가자의 생각을 들어 보는 시간도 더 많은 학습코칭이 이루어지는 기회가 됩니다.

긍정문
자성예언 셀프토크 게임

개요 말이 씨가 된다고 하지요. 생각하는 대로 된다는 생성 심리가 학습 참가자들의 주체성과 자아개념을 바꿔 주는 효과가 있습니다. 긍정문, 자성예언 셀프토크 게임은 참가자들의 자신감과 자존감을 느끼게 하며 자신의 목표를 더 효과적으로 성취하는 기술을 체험하는 아이스브레이크 시간이 될 것입니다.

준비물 긍정문의 예시 글귀, 필기도구, 스터디 카드

진행 방법

1 나는 누구인가? 나의 꿈은 무엇인가? 나는 어떤 사람으로 살아가길 원하는가? 등 자기 자신이 달성하고 싶은 목표를 20가지로 진술하게 합니다.
2 강하고, 단호하며, 긍정적인 진술로 내가 나에 대한 얘기를 함으로써 자신에 관해서 강하게 암시하는 것입니다.

긍정문을 쓸 때에는 개인적 Personal, 긍정적 Positive, 그리고 현재 시제 Present를 써야 합니다. 자기 삶의 중요한 역할과 영역별로 긍정문을

써봄으로써 나의 자아 개념을 자아 이상에 맞춰 빠르게 변화시키는 자성예언의 효과를 경험할 수 있는 이너게임입니다.
3 기록된 긍정문 20개를 참가자 전원이 함께 구호를 외치듯 발표합니다.

> **TIP**

- 진행자의 의도에 따라 20개의 긍정문을 가지고 각 테이블별로 대표선수를 뽑아 3분 스피치 시간을 통한 즉흥연설을 해보는 시간을 가져봅니다. 20개의 긍정문은 가치 있는 목표와 꿈, 사명의 내용들이 담겨있어 이 내용을 가지고 많은 참가자들에게 발표할 수 있다면 좋은 추억이 될 것입니다. 개인별로 20가지 긍정문을 하나씩의 긍정문 카드를 만들어 우선순위를 두고 나열해 보게 하는 것도 좋은 방법이 됩니다. 어떤 긍정문이 지금 나에게 가장 가치 있고 기대하는 자성예언이 될 것인지를 결정할 수 있는 시간으로 활용하면 좋습니다.

그림
롤플레잉 게임

개요 롤플레잉은 모임이나 강의 중에 효과적인 아이스브레이크 기법입니다. 그러나 문제는 탄탄한 시나리오겠지요. 롤플레잉이라는 좋은 도구를 빛나게 해줄 시나리오를 만드는 것이 쉽지 않습니다. 시나리오를 대체할 수 있는 것으로 이미 우리가 잘 아는 교훈적이거나 감동적인 이야기에서 학습에 활용할 수 있는 그림을 찾아볼 수 있습니다.

준비물 노트북, 빔프로젝트 또는 프린트된 사진 이미지 여러 장

진행 방법
1. 준비한 사진을 나눠 주거나 빔프로젝트 화면으로 보여 줍니다.
2. 사진을 보면서 어떤 상황인지를 대화 형식으로 만들어 보게 합니다.
3. 이미지에서 말하는 내용을 통해 완성한 대화를 롤플레잉으로 발표합니다.

그림에서 보여지는 부분만을 가지고 롤플레잉 시나리오를 만드는 팀도 나오고, 그림에서 볼 수 없는 그 이후의 내용까지 롤플레잉으로 표현

하는 팀들도 나오게 되어 참여한 학습자들 모두에게 유익한 경험을 주는 학습효과가 큰 아이스브레이킹입니다.

> TIP

- 진행자가 참가자들에게 학습효과가 있는 이미지를 개발하여 제공한다면 유익하고 재미있는 발표 시간을 만들 수 있습니다. 또한 발표한 것을 각 팀별로 듣고 느낀 점을 적거나 토론하는 시간을 가질 수 있습니다.
- 이솝우화, 탈무드, 잠언, 영화 포스터, 만화, 고사성어, 고전, 드라마 등에서 이미지 스토리텔링 자료는 무궁무진하게 발견할 수 있습니다.
- 무엇보다 진행자의 피드백으로 마무리하면 더욱 효과적입니다.

47
동문서답 게임 & 질문 게임

개요 질문은 학습자들의 완성충동을 이용하여 참여하게 하고 집중하게 하여 무엇인가 말하게 하는 놀라운 힘이 있습니다. 질문을 받은 사람은 귀를 기울여 듣고 생각을 통해 정보를 끄집어내려고 하는 변화의 흐을 가지고 있습니다. 맞혀야 직성이 풀리는 심리를 이용한 것이 질문이고 퀴즈와 수수께끼 같은 것들입니다. '동문서답 게임'과 '질문 게임'은 그런 인간 심리를 학습에 활용하는 아이스브레이크 게임입니다.

진행 방법

1. 두 사람이 파트너로 만나 가위바위보를 하여 승패를 가립니다.
2. 다음은 이긴 사람이 먼저 말하면 진 사람은 전혀 다른 말을 해야 합니다. 말 그대로 동문서답하는 게임입니다.
3. "안녕하세요?"라고 하면 "영화 보러 가야지!"라고 동문서답을 하는 것으로 대화를 이어갑니다.

물론, 질문에 대해 연상되는 대답을 하면 게임에서 지게 됩니다. "식사는 하셨나요?"라고 묻는데 "빵을 먹고 싶다!"라든가 "아, 배고파!" 같은 조금이라도 비슷한 내용의 대답을 하게 되면 동문서답이라고 할 수 없겠지요.

'동문서답 게임'을 하는 파트너들은 서로 다른 곳을 볼 수 없습니다. 상대의 얼굴을 쳐다보고 동문서답을 해야 합니다.

> **TIP**
> - '동문서답 게임'은 질문에 대해 예측할 수 없는 대답이 나오면서 자연스러운 웃음과 함께 아이스브레이크가 되는 시간입니다. 진행자가 '동문서답 게임'을 하는 팀을 살펴보면서 적극적으로 참여할 수 있도록 코칭하는 역할을 함으로써 프로그램의 완성도를 높일 수 있습니다.
> - '질문 게임'은 동문서답 게임과 비슷하게 진행되는 또 다른 게임입니다. 한 사람이 먼저 질문을 하면 상대방이 대답을 하거나, 생각하다가 머뭇거리면 지는 게임입니다. '질문 게임'은 질문을 받으면 바로 다른 질문을 하면서 질문을 주고받는 게임입니다. "오늘 기분 어떠세요?"라고 물으면, "여행 좋아하세요?" 등과 같은 전혀 다른 질문을 해야 합니다. 물론 그 질문을 활용하여 연상되는 비슷한 질문을 하면 지는 게임입니다.
> - '동문서답 게임'과 '질문 게임'을 통해 질문의 힘, 질문의 중요성을 경험하는 유쾌한 아이스브레이크 시간이 될 것입니다.

봉투 물기, 스트레칭과 밸런스 게임

개요 '봉투 물기 게임'은 참가자들의 몸을 스트레칭하게 하며, 참가자 전체가 도전하여 참여할 수 있게 하는 아이스브레이크 게임입니다. 도전하는 사람들의 다양한 몸짓과 표정들이 보는 사람들을 즐겁게 해줍니다.

준비물 각이 세워져 설 수 있는 종이봉투, 종이 쇼핑백

규칙 한 발을 든 상태에서 바닥에 놓은 종이봉투를 입으로 집는 것입니다. 반드시 손을 땅에 대지 않은 상태에서 한 발을 들고 도전해야 합니다.

진행 방법
1 진행자가 종이봉투를 바닥에 세워 놓고 게임 자세를 설명합니다.
2 전체가 둥글게 서서 한 명씩 입으로 봉투 물기에 도전합니다.
3 도전하여 성공하면 자신이 원하는 만큼 봉투를 찢을 수 있습니다.
4 종이봉투의 높이는 점점 더 낮아지고, 돌아가며 계속 도전합니다.

5. 전체가 한 번씩은 도전할 수 있도록 처음부터 봉투를 너무 많이 찢지 않게 해야 합니다.

> **TIP**

- 참가자가 무리하게 도전하려는 경우 안전을 위하여 제지해야 합니다.
- 어느 정도 종이봉투가 낮아지면 뒷짐을 풀고 진행시킬 수 있습니다.
- 가능하면 넘어져도 다치지 않도록 실내에서 진행합니다.

49
인간 도미노 게임

개요 인간 도미노 게임은 신뢰 게임입니다. 참가자 전체가 서로를 신뢰하여 짧은 시간 안에 팀워크가 형성되고 친밀감을 높여 주는 액션러닝 아이스브레이크입니다.

목적 팀원 모두가 둥글게 선 상태에서 진행자의 구령에 따라 뒷사람의 무릎에 앉습니다.

진행 방법
1. 참가자 전체가 한 원으로 선 상태에서 우향우를 하여 앞사람의 어깨에 손을 올립니다.
2. 앞사람 어깨에 양손을 올리고 준비한 다음 "하나 둘 셋!" 구령을 하면 "셋"에 모두가 뒷사람의 무릎에 앉습니다. 전체 팀원 중에 몸무게가 많이 나가는 사람이 있어 걱정인가요? 절대로 무거워서 못 앉거나 무너지지 않는다고 알려 줍니다.
3. 뒷사람의 무릎에 앉는 방법에는 두 가지가 있습니다. 첫 번째는 뒷사람의 상황을 살피면서 편안하게 천천히 앉는 것이고, 두 번째는 뒷사

람을 개의치 않고 앉는 속도를 빠르게 하기 위해 힘껏 앉는 방법입니다. 어떻게 앉는 것이 가장 좋을까요? 참가자 전체가 너무 느리지 않게 적당한 속도로 뒷사람을 배려하며 앉도록 해야 합니다.

4 앞사람의 발뒤꿈치에 내 엄지발가락이 닿을 듯 말 듯한 간격(3cm 정도)으로 섭니다. 구령에 맞춰 앉을 때에는 전원이 동시에 앉아야 합니다. 앉으면서 뒷사람이 무릎을 똑바로 내주었나를 확인하고 천천히 앉는다면 앞사람이 바닥에 넘어지므로 조심해야 합니다. 반드시 앞사람의 어깨에 손을 얹고 진행해야 합니다.

> **TIP**

- 진행자는 하나 둘 셋이라는 구령을 큰소리로 넣어 줍니다. 앉을 때 늦게 앉거나 뒷사람이 무릎을 제대로 내주지 않으면 연결 고리가 약해서 무너지게 되며 연쇄적으로 모든 팀원이 무너지게 됩니다. 넘어질 때 잘못하면 밑에 깔린 사람들 위로 계속 다른 팀원들이 덮쳐 오기 때문에 다칠 수도 있으므로 진행자는 안전사고에 많은 관심을 가지고 약한 연결 고리를 살펴 빨리 일어서도록 요청해야 합니다.
- 30명 정도의 팀은 3분 정도의 워밍업을 통하여 모두가 한 원으로 편안하게 앉을 수 있는 팀워크가 형성됩니다. 팀 전체가 편안히 앉을 수 있게 되면 진행자는 참가자들에게 앞사람의 어깨 위에서 손을 떼고 머리 위로 박수를 세 번 친 다음에 허리에 손을 놓습니다. 인간 도미노 게임은 앉은 것으로 완료되는 것이 아닙니다. 앉은 상태에서 전체가 앞으로 행진하는 것까지 도전합니다.
- 이제 진행자의 구령에 맞추어 앞으로 몇 발짝씩 걸어가면서 게임을 완성해 봅시다.

IcebReak Recreation

재미있는 유희와 게임으로 삶을 재창조하는 경험을 하게 하라

아이스브레이크의 가장 중요한 목적 중 하나가 참가자들이 학습에 더 잘 참여하도록 분위기를 부드럽게 만들어 즐겁게 시작할 수 있게 마음을 여는 Open mind 것입니다. 서로에 대해 더 잘 알고 토의할 수 있는 다양하고 재미있는 방법들을 활용하는 데 아이스브레이크는 상당 부분 게임 요소가 들어가야 합니다. 그래서 참가자들로 하여금 자기 스스로가 이 시간을 즐기고 있고 이 시간이 매우 유익하다는 생각이 들도록 해야 합니다. 사람은 놀기를 통한 만남으로 교육과 코칭, 카운슬링에 자연스럽게 마음을 열어 갑니다. 그리고 레크리에이션을 통해 새로운 팀워크나 공동체성이 재창조되는 것입니다.

톰과 제리 게임

개요　TV 애니메이션 〈톰과 제리〉를 게임화한 것으로 원자(원소)들의 분열과 결합에서 힌트를 얻었습니다. 짧은 시간에 참가자들을 상호작용시켜 마음을 열게 하는 강력한 아이스브레이크 게임입니다.

인원　220명 이상 무제한(단, 인원이 100명 이상이 될 경우에는 톰과 제리를 2~3명씩으로 정할 수 있습니다.)

준비물　뽕망치, 경쾌한 음악

진행 방법

1. 각 참가자들을 3인 1조로 묶어 손잡고 평행으로 서게 합니다.
2. 3명씩 일렬로 손 잡고 서 있는 사람들은 벽이 되어 미로처럼 지그재그로 서고, 톰과 제리를 각 1명씩 정해 톰에게 뽕망치를 지급합니다.
3. 제리는 도망을 치고 톰은 제리를 잡으러 출발합니다.
4. 제리로 정해진 사람은 톰을 피해 벽 사이로 도망 다니게 됩니다.
5. 제리가 도망치다가 지치면 벽으로 서 있는 사람들의 양측에 어떤 한

사람의 손을 잡을 수 있습니다. 제리가 벽으로 서 있던 한 사람을 잡게 되면 그 반대쪽 사람이 제리 역할이 됩니다.

6 톰을 피해 도망 다니다 뿅망치에 터치 당하면, 입장을 바꾸어서 제리가 톰이 되고 톰은 제리가 됩니다. 망치로 터치한 그 순간 망치를 바닥에 내려놓으면, 제리가 그 망치를 주운 시간부터 적용됩니다. (망치를 너무 멀리 던지지 않도록 주의해야 합니다.)

7 제리는 벽을 뚫고 지나갈 수 있으나 톰은 불가능합니다. (벽은 톰이 지나갈 수 없게 막아야 합니다. 물론 뛰어가는 톰을 막거나 다리를 걸어도 안 되겠지요.)

8 제리가 요령껏 도망가는 것이 흥미의 관건입니다. 너무 혼자만 도망 다니지 말고 벽으로 서 있는 사람들의 많은 참여를 유도할 수 있는 역할 체인지가 필요한 게임입니다.

> TIP

- 톰과 제리 게임을 진행하다 보면, 톰이 제리를 급하게 쫓아가게 되어 넘어지는 상황이 발생하게 됩니다. 게임이 활동적이다 보니 안전사고 예방을 위해 전체 게임을 조절하는 진행자의 역할이 중요합니다. (하이힐을 신고 뛰거나 긴 치마를 입고 뛰다가 넘어지는 경우 등을 미리 예견하는 것도 필요합니다.) 참가자 인원이 40명 이상일 경우 톰과 제리를 2명씩 세워 프로그램을 진행하면 생각지도 못한 해프닝이 벌어지면서 또 다른 재미와 웃음을 선사합니다.

※ 뿅망치 터치가 심해지면 감정이 상할 수 있으니, 진행자의 주의가 필요합니다.

51
의자 옮겨 앉기
도미노 게임

개요   참가자들을 적극적 태도로 바꿔 나가고 싶다면 의자를 이용한 도미노 게임을 활용하면 좋습니다. 활동적이면서 스킨십이 있어 자연스럽게 마음이 열리고 아이스브레이크가 이루어지는 게임입니다.

인원   50~220명(더 많아도 무관)

준비물   참가 인원수보다 1개 더 많은 의자, 호루라기

진행방법
1. 술래를 정하고, 의자 하나를 빈 채로 놓아두고, 나머지 인원은 모두 의자에 앉습니다.
2. 진행자의 호루라기 신호에 맞춰 원의 가운데 서 있던 술래는 빈 의자에 앉아야 합니다.
3. 나머지 참가자들은 호루라기 신호에 맞춰 술래가 앉지 못하도록 계속해서 시계 방향으로 한 칸씩 옮겨 앉으며, 술래에게 빈틈을 부여해서는 안 됩니다.

4 술래는 계속해서 옮겨 앉는 사람들의 빈틈을 노려, 의자에 앉아야 합니다. 의자 빼앗기에 성공하면 그 의자를 빼앗긴 사람이 술래가 되어 다시 도미노 게임을 진행합니다.
5 술래로 걸릴 때마다, 가벼운 퍼포먼스 벌칙을 부여하고 계속해서 진행합니다. 몸과 몸이 부딪쳐 친밀해지고, 활동적이긴 하지만, 몸싸움으로 인해 불편한 상황이 벌어지지 않도록 주의해야 합니다.

> TIP

- 빈틈을 노려 자리를 빼앗아 앉기가 쉽지 않은 게임입니다. 술래가 적극적으로 몸을 움직여 의자에 앉아 있는 사람들을 몰아가지 않으면 자리에 앉을 기회를 찾기가 만만치 않습니다. 한 차례 게임을 진행한 후에, 진행자는 옵션을 하나 추가한다고 설명합니다. "바꿔Turn!"라는 구호에 따라 게임 방향이 역전되어 돌아가게 되는 것입니다.
- 의자 도미노 게임을 진행하면서 "바꿔"라는 신호에 따라 시계 방향으로 옮겨 앉던 참가자들은 모두 시계 반대 방향으로 의자를 옮겨 앉아야 합니다. 이때 빈틈이 보이며 참가자들이 우왕좌왕하는 사이에 술래는 쉽게 의자에 앉을 기회를 잡을 수 있습니다.

52

고객 모셔 오기
서비스 게임

개요   주어진 시간 안에 자신의 빈 의자에 빨리 고객을 모셔와 앉히는 게임으로 참가자들을 집중시키고 서로에 대한 관심으로 마음의 벽을 허물게 합니다.

목적   관계 형성 및 스킨십, 남녀 간 팀 간의 인원을 자연스럽게 섞는 효과가 있습니다.

시간   9분

인원   전체 인원 20명 이상으로 대그룹까지 가능

준비물   호루라기, 스톱워치, 참가 인원보다 1개 더 많은 의자

진행 방법

1 게임을 시작하기 전에 진행자는 참가자들에게 "나 외에 모든 사람은 고객이다!"라고 외치게 합니다.

2 참가 인원보다 1개 더 많은 의자를 놓고 참가자들은 둥글게 앉습니다.
3 게임 진행자가 신호를 하면 빈자리 좌우에 앉아 있는 사람이 손을 잡고 일어나 다른 곳에 앉아 있는 사람 한 명을 고객으로 모셔와 자신들의 빈자리에 앉히는 게임입니다.
4 새로운 빈자리의 양쪽 사람들도 같은 방식으로 건너편에 있는 고객을 모셔와 자리를 채웁니다.
5 리더는 시간을 정해서 호루라기를 불어서(호루라기가 없을 경우에는 '스톱'이라는 구호로 대신할 수 있습니다). 게임을 멈추게 하고 그 시간에 의자에 앉지 못한 사람이 벌칙을 받습니다.

> **TIP**

- 빈자리를 1개로 시작하지만, 점차 2개 또는 3개로 늘려 갑니다.
- 시간이 흐르면 남자 팀은 여자 고객을, 여자 팀은 남자 고객을 모셔 오도록 해도 재미있습니다.
- 빈자리 옆의 사람은 데리고 올 수 없습니다. (게임 방식을 잘 생각해 보면 불가능한 이유를 알 수 있습니다.)

'고객 모셔 오기 서비스 게임'을 진행하면서 옵션을 추가할 수 있습니다. 예를 들면, 고객을 모셔 올 때 그 고객이 따라가지 않고 거절할 수 있습니다. '거절' 옵션이 추가되면서 게임은 더욱더 흥미진진해집니다. 신기하게도 게임이 시작되면, '거절'하는 사람이 거의 없다는 사실입니다. 그러면 언제 '거절'이 이루어질까요? 어떤 심리가 작동될 때 참가자들에게 '거절'하는 상황이 발생하는지 게임을 한번 해보시지요. 생각지도 못한 일들이 벌어집니다.

53 정글 북 게임

개요 '과일 광주리 게임'에서 형식을 빌려 왔습니다. 참가자에게 각 동물의 동작과 함께 동물의 소리를 내며 에너지를 발산할 수 있는 기회를 줌으로써 다양한 끼와 퍼포먼스를 이끌어 내는 게임입니다.

진행 방법

1 과일 대신 동물 이름을 부릅니다. (예: 사자, 말, 호랑이, 닭……)
2 타잔(술래)은 동물의 이름을 부를 수도 있고, 그 동물의 울음소리를 낼 수도 있습니다.
3 타잔은 동물 이름을 한 번에 두 마리까지 부를 수 있습니다.
4 타잔이 동물을 모으는 신호로 "아~아~아~!"라고 크게 외치면 동물 전체가 자리를 바꾸어 앉아야 합니다.
5 타잔의 함성은 최소 5회 이상 동물끼리의 자리 이동이 이루어진 후에 사용할 수 있도록 규칙을 정해 동물 전체의 자리를 바꾸는 신호가 남발되지 않도록 합니다.
6 '과일 광주리 게임'을 충분히 이해하고 활용한 후에 실행에 옮기면 효과적으로 사용할 수 있는 게임입니다.

54
로켓 발사 몸짓 게임

개요   우주정보시대를 사는 21세기에 우리나라의 성공적인 나로호 발사를 기념하면서 각 팀별로 '로켓'이 만들어지고 발사되는 과정을 팀원들이 단합하여 온몸과 목소리로 표현하는 아이스브레이크 게임입니다. 동전을 넣으면 자판기에서 캔 음료나 후지, 그 밖의 다양한 제품들이 나오듯이 팀원들의 아이디어와 몸짓으로 표현되는 '로켓 발사 게임'은 상호교류를 통해 각 팀별로 만들어지는 퍼포먼스를 볼 수 있는 창의적인 아이스브레이크 활동입니다.

목적   팀워크 및 에너지 발산, 브레인스토밍을 통한 아이디어 제안하기, 관계 형성 및 스킨십

시간   9분

인원   각 팀 7~10명 정도

진행 방법

1 카운트다운: 로켓이 발사되는 과정을 각 팀이 개성 있게 연출하여 연습합니다.
2 순서대로 발표하게 하고 잘한 순서대로 1, 2, 3등에게 점수를 줍니다.
3 독창적인 아이디어, 재미와 즐거움, 팀원들의 협동심 등을 보고 평가합니다.
4 로켓의 형태는 없이 목소리로만 실제 상황처럼 방송할 수도 있고, 인간 로켓을 만들어 온몸으로 하나하나 로켓을 표현하며 발사하는 장면까지 연출할 수도 있습니다.
5 연습 시간을 5분 정도 주고 각 팀별로 실제 상황처럼 앞으로 나와서 연출하게 합니다.
6 자신의 몸을 던지고, 위로 뛰어 오르고, 밑에 깔려 있는 사람들의 모습을 보며 있는 힘껏 소리를 지르면서 몸 안의 에너지를 발산합니다. 각 팀별로 나온 번뜩이는 아이디어들이 모두를 즐겁게 해줄 것입니다.
7 각 팀이 로켓을 장착하고 연출할 때마다 전체 팀원이 한목소리로 카운트다운을 하게 합니다.
"텐, 나인, 에잇, 세븐, 식스, 파이브…… 원, 제로, 발사!"

각 팀의 로켓 발사는 참가자 전체에게 다양한 결과로 웃음을 주면서 마무리가 될 것입니다.

55
미션 임파서블 런닝맨 게임

개요 각 팀에게 주어진 불가능한 임무Mission impossible를 임무 완수 Mission accomplished로 바꾸기 위해 팀 시너지로 만들어 가면서 긴장감을 해소시켜 주는 아이스브레이크 게임입니다.

준비물 첨부자료(미션 목록 5~6개), 상품

진행 방법
1. 참가자 전체가 5~10명씩의 팀(조)별로 나뉘어 활동에 참여합니다.
2. 주어진 시간(9분) 내에 임무를 완수해야 함을 알려 줍니다.
3. 각 팀에게 미리 준비된 첨부자료를 주고 제한 시간과 활동 규칙을 지키도록 설명합니다. (장소와 환경에 따라 시간과 참가자의 활동에 룰을 만들 수 있습니다.) 종료 신호와 함께 팀별 임무 완수 내용을 확인하고 제일 많이 찾아낸 창의적인 팀을 시상합니다.

TIP
- 미션 리스트Mission List를 미리 준비할 수도 있으나, 각 팀별로 미션 목

록을 만들어 사용해도 좋습니다. 미션 목록을 제작하는 팀과 수행하는 팀을 추첨(사다리 타기 등)으로 정하여 진행해도 좋고, 미션 목록을 각 팀별로 만든 후 추첨을 통해서 미션을 배분하고 진행해도 재미있습니다. 미션에 들어갈 아이템들은 팀워크를 통해 찾아낼 수 있는 것과 교육주제와 관련 있는 것이면 더욱 좋습니다. 단, 찾아내기 불가능한 아이템을 제출한 팀에게는 패널티를 적용할 수 있습니다. (계절, 장소, 상황 등을 고려해 구하기 어려운 것들은 제외하세요. 미션 목록을 제작한 팀도 찾아낼 수 없는 것은 패널티를 줍니다.)

- 미션 리스트를 수행하면서 각 팀별로 소수의 런닝맨을 정하여 등 뒤에 이름표를 붙이고 시작합니다. 각 팀은 자기 팀의 런닝맨을 보호하면서 미션을 수행하게 하면 게임 전체가 액티브하게 진행됩니다.

> ● 토의사항
> - 주어진 임무 완수를 위해 어떤 전술과 전략을 세웠는가?
> - 프로그램 중 자체 리더십은 어떻게 발생되었는가?
> - 누가 우리 팀의 좋은 리더 역할을 감당해 냈는가?
> - 성공적인 임무 완수를 가능하게 한 요소, 방법들은 무엇이라고 생각하는가?

이밖에 강사나 진행자의 목표에 따라 상황에 맞는 적절한 질문이나 토론을 통해 게임 활동 후 강의 내용과 연결시킬 수도 있습니다.

첨부자료 1

A팀 미션

9분 너에 아래 제시된 내용물을 모두 찾으시오.

- 네잎 클로버
- 빨간 양말 한 짝
- 모두가 웃으며 찍은 가족사진
- 이해인 수녀의 시 한 편
- 살아 있는 개미
- 깨끗한 오천 원짜리 지폐 두 장
- 빨간 립스틱이 찍힌 부드러운 티슈
- 기타 피크
- 팀원 모두의 머리칼 묶음(한 줄로 묶인 상태)

첨부자료 2

B팀 미션

9분 너에 아래 제시된 내용물을 모두 찾으시오.

- 외국 우표 한 장
- 오토바이 면허증
- 팀원 전체가 웃으며 함께 찍은 사진
- 2013년 발행한 빳빳한 만 원짜리 지폐 한 장
- 살아 있는 거미(또는 파리도 가능)
- 윤동주 시 한 편
- 팀원 전체의 전화번호가 입력된 스마트폰 다섯 개
- 엽서 한 장
- 영어책 한 권

이 외에도 다음과 같은 미션 목록을 만들 수 있습니다.

동전 6개 모으기(1원, 5원, 10원, 50원, 100원, 500원), 가장 긴 허리띠, 우산, 빵, 껌, 손톱깎기, 향기나는 편지지, 트럼프, 유효기간이 지난 신용카드, 칫솔, 가장 큰 잎사귀, 알람시계, 향수, 말린 꽃잎, 시집 등. (단, 분실의 위험이 있는 귀중품은 삼갑니다.)

56

팀 파워

개요 속담놀이, 격언, 수수께끼, 성경의 잠언, 성경말씀 중 모임의 주제나 목적에 맞는 내용들로 구성하여 참가자들에게 팀워크를 만들어 가면서 마음의 문을 열게 합니다.

인원 한 팀에 10명 이내의 인원 및 소그룹

시간 9분

준비물 첨부자료, PPT

진행 방법
1. 전체 참가자를 5~10명 이내의 팀으로 나눕니다.
2. 첨부 자료를 바부하거나 파워포인트 자료를 보여 줍니다.
3. 팀 간 경쟁이지만, 먼저 개인적으로 문제에 대한 해답을 찾아보도록 합니다.
4. 팀 토론을 통하여 개인의 정답을 팀의 의견으로 결정하도록 합니다.

5 각 팀의 합의된 정답을 진행자가 제시한 답과 맞추어 봅니다.

첨부자료

아래의 속담과 연관된 가치관이나 의미를 쓰시오.

속담	개인 정답	팀 정답	해답
물이 깊어야 고기가 모인다			
도둑의 때는 벗어도 화냥의 때는 못 벗는다			
인왕산 그늘이 강동 팔십 리 간다			
말 많은 집 장맛도 쓰다			
세 닢 주고 집 사고 천 냥 주고 이웃 산다			
고생 끝에 낙이 온다			
송충이가 갈잎을 먹으면 죽는다			
지성이면 감천			
주머니 털어 먼지 안 나오는 사람 없다			
두 손뼉이 맞아야 소리가 난다			
귀한 자식 매 한 대 더 때리고 미운 자식 떡 한 개 더 준다			
하늘이 무너져도 솟아날 구멍이 있다			
백지장도 맞들면 낫다			
열 번 찍어 아니 넘어가는 나무 없다			
죽어도 시집 울타리 밑에서 죽어라			
비는 놈한테 져야 한다			
일가 싸움은 개싸움			
티끌 모아 태산			
산에 가야 범을 잡지			
정직한 사람의 자식은 굶어 죽지 않는다			

덕, 품행, 연고주의, 말조심, 협동, 인내, 분수 지키기. 노력·성실, 용서, 엄격한 자녀 교육, 의지력, 노력, 이혼불가 또는 정조, 가족·혈연주의, 검소·절약, 용기, 정직……

> **TIP**

- 각 팀 안에서 정답을 일치시킬 때, 다수결에 의해서 결정하지 않도록 합니다. 답을 몇 개 맞혔다는 사실보다 더 중요한 것은 팀 파워를 깨뜨리지 않는 합의와 일치의 과정이 중요하다고 피드백을 해줍니다. 한 사람이라도 동의와 이해가 되지 않은 상태에서 정답을 선택했다면 그 문제를 많이 맞혔다 할지라도 팀 일치에 의한 파워를 이룰 수는 없습니다. 제시한 첨부자료는 우리나라 속담을 가지고 문제를 만들었습니다. 잠언, 성경말씀, 수수께끼 등등을 가지고 팀 토론거리를 만들 수 있습니다.

57
산 넘고 물 건너 게임

개요 이 게임은 조원들의 단합과 약간의 경쟁심을 일으킬 수 있는 게임으로 조원 전체가 서로 관심을 가지고 활동의 연속성을 이어가는 팀업 아이스브레이크입니다.

진행 방법

1 진행자를 바라보고 각 조는 일렬종대로 섭니다.
2 조장을 각 조의 맨 앞에 세우고 머리에 띠를 하나씩 두르게 합니다.
3 진행자가 주장에게 공을 하나씩 나누어 주고 게임이 시작되면 주장은 공을 뒷사람에게 전달해 주고 이 공을 계속 뒤로 보냅니다. 맨 뒷사람에게 공이 도착하면 먼저 공을 들고 뛰어 나와서 조장에게 전달하는 팀이 승리합니다.
4 공을 뒤로 전달하는 방식은 첫 번째는 머리 위로(산 넘고), 두 번째 사람은 다리 사이로(물 건너) 또 다음 사람은 머리 위로……. 이와 같은 순서로 계속해서 전달합니다.

> **TIP**

- 이 게임은 승리방법을 여러 가지로 바꿔서 할 수 있습니다.
  - 공이 맨 뒷사람에게 가장 먼저 도착하면 승리.
  - 맨 뒤로 갔던 공이 다시 맨 앞의 조장에게 가장 먼저 도착하면 승리.
  - 맨 뒤로 갔던 공이 다시 '산 넘고, 물 건너'의 방법으로 맨 앞으로 먼저 도착하면 승리.
  - 맨 뒤에서 공을 받은 사람이 맨 앞으로 공을 들고 뛰어 나와 선 다음 뒷사람에게 공을 전달. 그러면 점점 조장이 뒤로 밀려 나게 되는데 그 조장이 다시 맨 앞으로 가장 먼저 뛰어 나오는 팀이 승리.
- 참가자의 수준에 따라서 1차는 산 넘고만, 2차는 물 건너만, 그리고 3차는 산 넘고 물 건너를 섞어서 할 수도 있습니다.

58
텔레파시, 스킨십 게임

개요 '텔레파시 게임'은 모임 운영 중 언제, 어디에서, 누구나 간단하게 실행할 수 있는 커플 게임으로 짧은 순간에 분위기를 밝게 살리는 말초신경을 건드리는 아이스브레이크입니다.

진행 방법
1. 진행자는 두 사람씩 커플로 짝을 이루게 하고 등을 대고 앉게 합니다.
2. 가위바위보를 통해 공격과 방어를 정하는데, 이긴 사람은 고개를 돌렸을 때 서로 얼굴을 마주 보아야 공격에 성공한 것이고, 진 사람은 얼굴이 엇갈렸을 때 방어에 성공한 것입니다.
3. 진행자의 "하나, 둘, 셋"이라는 구령에 따라 등을 대고 있는 두 커플은 오른쪽이든, 왼쪽으로든 고개를 돌려야 합니다.
4. 고개를 돌렸을 때 텔레파시가 통한다면, 공격자와 방어자가 얼굴을 마주 보게 될 것입니다.
5. 공격에 실패했을 때는 공격자를 바꾸어 다시 게임을 진행합니다.

> **TIP**

- 등을 마주 댄 두 커플은 어느 한쪽으로든 꼭 고개를 돌려야 한다고 규칙을 알려줍니다. 등을 댄 상태에서 상대의 움직임을 직감적으로 파악하여 텔레파시 게임을 해보는 것도 좋은 방법이라고 멘트를 해줍니다.
- 또 다른 게임 방법 하나는, 가위바위보를 해서 이긴 사람은 뒤에 있는 파트너의 얼굴을 보아야 이기고, 진 사람은 얼굴을 피해야 이기는 게임으로 진행합니다. 3번 게임을 하여 2번 이긴 사람에게 진 사람이 안마를 해주는 것으로 마무리합니다.

59
감전놀이,
팀 커뮤니케이션 게임

개요   감전놀이는 참가자 전체를 두 팀으로 나누어(양 팀 인원이 같아야 합니다) 팀 커뮤니케이션을 효과적으로 만들어 가는 아이스브레이크 게임입니다.

준비물   500원짜리 동전, 손수건

진행 방법

1. 게임 진행자를 중심으로 A팀이 왼쪽, B팀이 오른쪽으로 둥글게 앉습니다.
2. A팀과 B팀이 만나는 중앙 지점에 손수건을 놓아 둡니다.
3. 게임 진행자의 양 옆에 있는 각 팀의 리더는 진행자만 바라보고, 나머지 팀원들은 모두 손을 잡고 손수건을 바라봅니다.
4. 진행자가 동전을 위로 던져서 잡았을 때, 앞면이 나오면 전기를 보내고, 뒷면이 나오면 보내지 않도록 해야 합니다. (규칙을 바꿔 가면서 진행할 수도 있습니다.)
5. 동전을 던져 잡았을 때 앞면이 나온 것을 보고 옆 사람에게 손을 꽉 쥐

어 전기를 전달해서 마지막 사람까지 전기가 전달되면 손수건을 빨리 잡는 팀이 이기는 게임입니다.

> TIP

- 절반의 확률 게임이다 보니 동전을 보자마자(어떤 팀은 보기도 전에) 무조건 전기를 보내는 전략을 사용하는 팀이 나오게 되는데 게임 진행자가 적절히 조정해야 합니다.
- 동전 뒷면이 나와 전기를 보내지 않아야 하는데 보낸 팀도 게임에서 진 것과 같습니다.
- 아주 근소한 차이로 손수건을 잡아채는 팀과 못 잡는 팀의 팽팽한 긴장감이 게임에 참여하는 모든 사람들의 스트레스를 한 방에 날려 버리는 게임이기도 합니다.
- 강의 중 한 방향으로 정렬된 팀의 커뮤니케이션이나 팀워크와 함께 사용해도 좋습니다.

60
얽힌 손 풀기 게임
(한국식)

개요 일명 '매듭 풀기' 게임으로 불리는 '얽힌 손 풀기 게임'은 강한 스킨십과 커뮤니케이션 활성화 그리고 팀워크가 활발해지는 아이스브레이크 게임입니다. 소통이나 인간관계에 대한 강의를 진행하면서 얽힌 손들을 풀어 가는 과정을 통해 피드백까지 할 수 있는 액티비티 러닝 게임으로 자연발생적인 리더의 출현과 수많은 팀원들 간의 소통이 일어나게 하는 효과도 얻을 수 있습니다.

목적 손과 손이 얽힌 팀원들의 상황을 하나의 원으로 풀어내는 것입니다.

진행 방법
1. 팀장을 제외한 모든 팀원들은 손을 잡고 원을 만들어 섭니다.
2. 팀원들은 약 1~2분의 시간 동안 손이 얽힐 수 있도록 팀장의 요청에 따라 몸을 움직입니다. 이때 손을 놓아서는 절대로 안 됩니다. 만약 한 사람이라도 손을 놓게 되면 그 게임은 무효가 됩니다.
3. 1~2분이 지나면 팀 리더는 서로 상대 팀으로 가서 그 팀의 얽힌 손을

하나의 원으로 풀어내면 됩니다.
4 가장 빠르게 다른 팀의 얽힌 손을 풀어내는 팀 리더가 속한 팀이 승리합니다.

> **TIP**

- 무리하게 손을 얽느라 손목이 심하게 꼬여 다치지 않도록 주의해야 합니다. 팀 리더가 상대팀 얽힌 손을 풀 때 상대팀원들은 거부하거나 방해하지 말고 잘 따라 주어야 합니다. 물론 상대팀의 리더가 와서 매듭을 풀어 나가는 과정에서 사람들을 함부로 다루는 것도 진행자가 잘 조절을 해야 합니다.
- 적절한 시간을 준 뒤에 팀 리더가 상대팀의 얽힌 손을 풀지 못 했을 때 팀원들 스스로가 원래의 원으로 풀어 내도록 요청합니다.

> 🟠 **토의사항**
> - 우리 팀 안이 서로가 다르기 때문에 발생할 수 있는 갈등이 항상 존재합니다. 게임에서 경험하듯이 밖에서 누군가가 와서 풀어 보려고 열심히 노력하지만 스스로 풀려고 노력하지 않으면 풀리지 않는 것이 또한 인간관계이고 사람들의 마음입니다.
> - 팀원 간 소통은 활발하게 이루어졌습니까?
> - 누가 리더였습니까? (리더가 있었습니까?)
> - 문제가 발생했을 때 해결책은 안에 있나요, 밖에 있나요?

61
얽힌 손 풀기 게임
(미국식)

개요 '한국식 얽힌 손 풀기 게임'처럼 스킨십과 활발한 소통으로 문제해결의 실마리를 찾아내는 통쾌한 경험을 할 수 있는 팀 경쟁 매듭 풀기 게임입니다. 팀별로 4명, 6명, 8명, 10명까지 점진적으로 인원이 동원되어 원을 만들어 갑니다.

진행 방법

1. 처음에 각 팀별로 4명씩 나와서 원으로 섭니다.
2. 원으로 선 상태에서 맞은편 사람과 오른손으로 악수를 합니다.
3. 왼손은 오른손으로 악수를 하지 않은 다른 사람과 악수를 합니다.
4. 얽힌 손을 풀어 보면 2명은 안쪽을 보고, 나머지 2명은 바깥쪽을 본 상태로 하나의 원이 만들어지면 성공입니다.
5. 2명이 더 참여하여 6명이 2와 3처럼 같은 방식으로 오른손 왼손 악수를 한 뒤 매듭을 풀게 되면, 8명, 10명까지 같은 방식으로 진행합니다.

TIP

- 이 '얽힌 손 풀기 게임'은 오른손, 왼손을 잡는 방법이 정확해야 매듭

이 풀려 원이 만들어지는 게임입니다. 진행자는 각 팀을 돌아다니면서 제대로 손을 잡고 있는지 확인을 해야 합니다.

- 8명 게임을 할 때는 4명씩 2개의 원으로 분리되어 풀리거나 고리가 생겨 풀리기도 합니다. 물론 8명이 하나의 원으로 풀어지는 팀도 나옵니다.
- 10명 게임에서는 10명이 하나의 원으로 매듭이 풀어져 나오게 되면 참가자들의 환호성과 만족감이 아주 높은 아이스브레이크가 일어납니다. 물론 4명과 6명의 2개의 원으로 분리되어 매듭이 풀릴 수도 있습니다.
- 주의해야 할 사항은 잡은 손을 놓으면 안 되고, 매듭을 풀다가 안 된다고 처음으로 돌아가 손을 놓고, 잡는 것부터 다시 하는 일이 없도록 해야 합니다.

62
풍차 돌리기, 팀워크 게임

개요 '풍차 돌리기 게임'은 한순간에 사람들을 아이스브레이크시키며 구경거리를 제공하는 활동입니다. 전체가 참여하여 끝까지 살아남는 개인 게임과 팀워크 게임으로 진행할 수 있습니다.

시간 1~2분

준비물 줄을 연결한 비치볼이나 배구공

진행 방법
1. 모든 참가자들을 원형으로 서게 합니다.
2. 진행자는 줄로 연결된 공을 가지고 원 안으로 들어가 중앙에 섭니다.
3. 공을 잡은 진행자는 원을 만들어 서 있는 사람들의 다리 쪽으로 공을 천천히 굴리며 돕니다.
4. 원형으로 선 참가자들은 공이 자신의 다리 쪽으로 올 때, 점프를 하여 공을 피해야 합니다.
5. 공을 피하지 못하고 다리에 걸리거나 몸에 닿으면 게임에서 퇴장하게

됩니다.

6 팀 경쟁 프로그램으로 진행할 때는 서로 상대 팀의 대표가 원 안으로 들어가서 공을 돌려 주어진 시간(1분) 안에 모두 아웃시키는 게임으로 진행할 수 있습니다.

> **TIP**

- 공을 돌리는 사람은 공이 바닥에서 뜨지 않도록 주의해야 합니다. 이 게임은 공을 돌리는 사람이 강약과 속도를 잘 조절하는 게 관건입니다.

63
프리스비 농구 액티비티 러닝

개요 실내와 실외에서 활용할 수 있는 활동으로 프리스비를 이용한 농구 게임입니다. 참가자들의 스포츠를 통한 팀워크와 활발한 소통으로 재미있는 아이스브레이크가 일어나는 운동경기입니다.

시간 6~9분

준비물 프리스비(부드러운 재질, 헝겊으로 만들어진 도구 등), 의자 2개

진행 방법
1. 전체를 2개의 팀으로 나누어 양쪽 사이드에 골대(의자에 올라선 골키퍼)를 만듭니다.
2. 골대는 의자 위에 한 사람이 서 있고 의자 주위 3미터의 경계선을 그립니다.
3. 참가자들은 농구경기와 마찬가지로 프리스비를 들고 세 발짝 이상 걸을 수 없습니다.
4. 같은 편끼리 프리스비를 패스하며 공격해 들어가서 자기 팀의 골대로

프리스비를 날립니다.

5　골키퍼가 프리스비를 잡으면 점수를 얻게 됩니다.

6　시간을 정해(전반전 3분, 후반전 3분) 경기를 진행합니다.

> TIP

- 야외에서는 무리 없이 진행이 가능하나, 실내나 강당을 이용할 경우 깨지는 물건이나 장애물을 제거하고 진행해야 합니다.
- 농구의 3점 슛처럼 3점 라인을 그려 프리스비의 특성을 살린 공격을 진행자의 재량에 따라 추가할 수 있습니다.

IcebrEak Entertainment

참가자들을 환영하고 맞이하는 즐거운 쇼를 계획하라

진행자에게는 엔터테인먼트적인 요소가 필요합니다. 아무리 좋은 프로그램과 긍정적이고 적극적인 참가자들이라고 할지라도 진행자에게 엔터테인먼트적인 요소가 없다면 그 아이스브레이크 시간은 매우 지루하고, 그 목적한 효과를 얻어 내기도 어려울 것입니다.

그러므로 아이스브레이크를 진행하게 될 사람을 선정하거나 강사 본인이 진행할 때에도 참가자들을 재미있게 참여시킬 수 있는 연기력 있는 진행이 필요합니다. 참가자들은 고객이 되어 환영받고 있고 대접받고 있다는 느낌을 곧바로 알아챕니다. 어떻게 그들을 파티의 주인공으로 맞이하여 즐거운 쇼로 만들어 갈 것인가요?

빙고 게임

'사인 받기 빙고 게임'

목적   참가한 사람들 사이에 주의를 환기시킬 수 있고 서로를 알아가게 하며 모임 참가자들의 관계 형성을 위한 아이스브레이드 게임입니다.

진행 방법

1. 모임을 시작하기 전에 진행자가 참가자들 각자가 가장 좋아하는 취미나 책, 휴가 장소, 자녀의 수, 좋아하는 음식 등이 무엇인지 알아봅니다.
2. 그 목록 중에서 16개의 네모 칸을 그리도록 요청한 후, 빙고용 16개의 항목을 모두 기입하게 합니다.
3. 교육장을 돌아다니면서 동료 참가자들 중 각 항목에 관련된 사람을 찾아내서 그 동료에게 인사를 하고 참가자 시트의 해당란에 서명을 받게 합니다.
4. 단, 2개 이상의 항목이 한 사람과 관련되어 있을지라도 오직 한 칸만을

할당해 서명을 받을 수 있습니다.
5 빙고 게임 서명 받기가 끝나면 사회자는 첨부된 빙고 용지에 기록된 16개 항목에 대하여 하나씩 불러 줍니다.
6 참가자의 정보를 하나씩 얘기해 줄 때마다 그와 일치하는 칸을 X표 해 나가게 하고 모든 칸을 다 표시할 때까지 계속 진행합니다.
7 가로, 세로 또는 대각선 4개 항목이 모두 X표시가 된 사람들에게 간단한 기념품을 시상할 수 있습니다.

운전면허증을 가지고 있는 사람	아내와 자녀 합쳐서 4명 이상인 가족	미혼인 사람	나이가 40세 이상인 사람
축구를 좋아하는 사람	미국 여행 경험이 있는 사람	잠잘 때 이를 가는 사람	낚시꾼이라고 생각되는 사람
양말이 검은색이 아닌 사람	반지를 낀 남자	첫사랑과 첫키스를 한 사람	안경 낀 사람
귀걸이를 한 여자	1주일에 책을 한 권 이상 읽는 사람	100원짜리 동전을 가진 사람	염색한 사람

'이름 빙고 게임'

목적 모임에 참여한 모든 사람들이 친근감을 가지고 교제를 나누며 만남의 시간을 갖도록 합니다. 참가자들의 이름과 간단한 자기소개의 시간이 될 수 있습니다.

진행 방법

1. 참가한 전체 인원수와 비슷한 칸을 그린 A4용지의 출력물과 필기도구를 준비합니다.
2. 게임에서 만나는 사람마다 인사하고 간단한 대화를 나누며 빈칸을 채워 나갑니다.
3. 한 사람당 한 칸만 사용하여야 하며 본인(자기)의 이름도 써넣어야 합니다.
4. 빙고 용지 첫 칸에 자기 이름을 써넣어 자기의 것임을 표시하고 완성된 빙고 용지를 가지고 모두 둘러앉습니다.
5. 게임 진행자가 처음 이름을 부르면 그 사람은 일어나서 전체에게 인사하고 다른 사람의 이름을 부르고 앉게 됩니다. 이름이 불려진 것은 ○로 표시하여 체크하면서 ㄱ빙고, ㄴ빙고, ㄷ빙고 등을 만들어 가다가 가장 먼저 일치한 사람에게 선물이 주어집니다.
6. 우리나라의 여러 가지 성씨를 써넣게 하여 빙고 게임을 할 수도 있습니다.

조상호	김현정	김경현	민혜홍	오은숙
장미희	유화춘	이영희	송동길	권순주
최진영	허미희	박지선	허 준	김정미
김진환	김내희	이규동	유지은	김정열
윤 희	최명자	한경혜	박권실	진수현

'성경 빙고 게임'

목적 성경 66권의 파노라마를 전개하면서 각 성경의 주제, 핵심인물(주인공), 주요사건 등등을 대화하며 기억하게 하는 교육적인 효과가 있습니다.

준비물 첨부자료, A4용지, 컴퓨터 파워포인트 자료

시간 9분

진행 방법

1 참석 인원수만큼의 빙고 게임용 프린트와 필기도구를 준비합니다. 먼저 용지 두 장에는 신약과 구약성경책 수만큼의 빈칸이 그려져야 합니다.
2 빈칸에 성경을 찾아가며 신약/구약성경의 약자를 마음대로 써넣도록 한 다음에 리더가 부르는 대로 지우며 'ㄱ.ㄴ.ㅁ 빙고'를 가장 먼저 지운 사람이 빙고 당첨자로 확정됩니다. 이때 게임 분위기 조성을 위한 조그마한 선물을 준비하면 좋겠지요.

> **TIP**
> - 게임을 진행할 때마다 리더는 'ㄱ자 빙고입니다, X(대각선)자 빙고입니다' 등 어떤 빙고 게임을 할 것인지를 먼저 발표해 주어야 합니다.
> - 신약 빙고 게임에는 신약만, 구약 빙고에는 구약만 써야 합니다. 서로 섞어서 쓰지 않도록 자세한 안내를 해야 합니다.

신약성경 빙고 ('ㄱ자 빙고'의 예)

마태	빌	골	고후	벧전
갈	마가	엡	디도서	살후
딤전	빌레몬	누가	요한	요한계시록
살전	힙	롬	행	요1
약	딤후	유다서	요3	고전

구약성경 빙고 ('ㅁ자 빙고'의 예)

창세기	출애굽기	민수기	다니엘	삼상	호세아
레위기	느헤미야	왕상	에스겔	대하	하박국
에스라	잠언	에스더	신명기	예레미야	스바냐
대상	여호수아	시편	이사야	나훔	왕하
룻기	전도서	욥기	아모스	요엘	미가
사사기	마가	오바댜	요나	삼하	말라기

65
지금 내 기분이 어떤지 알아요?
키스 미 게임

개요 첫 시간에 자기소개를 할 때 사람들 사이를 돌아다니며 할 수 있는 아이스브레이크 게임입니다. 자신의 현재 마음속 감정과 느낌을 있는 그대로 재미있게 표현하여 여러 사람에게 자기 소개를 하고, 서로 인사하며 모임을 열어 갈 수 있습니다. 또한 마지막 시간에 서로 축하하고 격려하며 다시 한 번 참가자들의 행복하고 만족스러운 감정을 표현하는 시간으로 활용할 수 있습니다.

목적 적극적인 아이스브레이크 및 스킨십으로 마음을 열고 관계 형성을 하게 합니다.

인원 소그룹에서부터 무제한으로 가능합니다.

준비물 참가한 인원만큼의 볼펜, 다양한 표정이 있는 그림자료

진행 방법
1 모임의 첫 시간에 장소와 상관없이 모든 참가자들에게 펜으로 왼쪽 손

바닥에 500원짜리 동전보다 큰 원을 그리게 하고 그 원 안에 자신의 얼굴을 그리라고 합니다.

2 자신의 얼굴은 현재의 표면적인 얼굴이나 마음속에 감추어진 얼굴(화난, 속상한, 아픈, 우울한, 기쁜, 울고 싶은, 꿀꿀한, 얄미운) 표정이나, 또는 자기가 원하는 얼굴 표정을 그리게 합니다.

3 외국의 경우는 사람과 사람이 만나면 껴안거나 얼굴과 얼굴을 마주 대하며 가벼운 키스를 하는데 우리 문화는 그렇지 못하므로 손바닥에 자신의 감정을 잘 표현한 얼굴을 그리게 한 후, 손바닥을 쥐어 어떤 표정을 그렸는지 다른 사람이 모르게 합니다.

4 자, 이제 일어나서 7명, 혹은 10명씩 만나서 인사를 하며 서로의 감정을 물어보라고 합니다. "지금 기분이 어떠세요?", "지금 행복하세요?"라고 먼저 인사하며 감정을 물어보면, 질문을 받은 사람은 손바닥을 펴서 "지금 제 기분이 이렇습니다!"라며 손바닥에 그린 얼굴을 보여 줍니다. 이때, 그 감정을 읽어 주면서 서로 대화를 하는 것이 이 아이스브레이크의 핵심입니다. 한 사람의 역할이 끝나면, 이번에는 바꿔서 감정을 읽어 줍니다. 두 사람의 감정 읽어 주기 인사가 끝나면 하이파이브를 하면서 멋진 시간이 되라고 응원과 지지를 하고 헤어집니다.

5 진행자는 사람들이 끼리끼리 몰려 있거나 참여하지 않고 소외되는 사람 없이 여러 사람과 자연스럽게 교제할 수 있도록 전체 상황을 살펴 리드하야 합니다.

6 남자, 여자 비율을 보면서 남자 3명, 여자 4명씩 만나 인사하도록 정해 주는 것이 좋습니다.

7 활동하기 전에 "지금 내 기분이 어떤지 알아요?"라는 제목으로 준비된 그림자료를 보여 주고 인간의 얼굴 표정이 얼마나 자주 쉽고 다양

하게 바뀌는지를 보여 줍니다.

8 이 게임은 모임의 첫 시간에 하는 아이스브레이크와 마무리하는 날 하는 아이스브레이킹의 의미가 다르게 나타나는 활동입니다.

9 함께한 과정 속에서 마지막 날은 자신의 속마음을 적극적으로 표현하는 사람도 있는가 하면, 속마음을 감추고 표현하지 않고 아무런 일이 없는 듯이 행동하는 사람들도 있습니다.

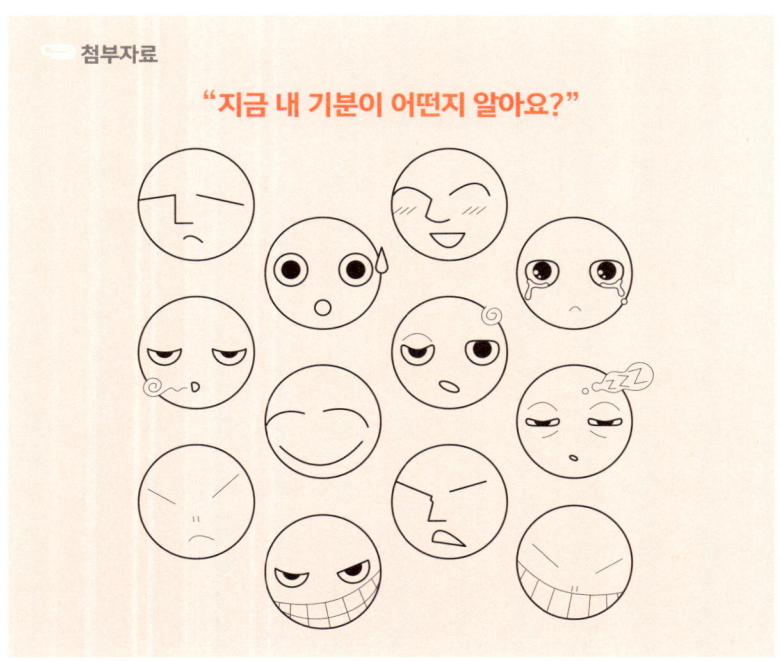

TIP

- 시작과 다르게 마지막에 사용하는 '키스 미 게임'은 엄지손가락을 이용합니다. 엄지손가락은 우리 일상생활 속에서 다양하게 사용되는 상징성이 있습니다. 만약에 당신이 주먹을 쥐고 엄지손가락을 세워 보

이면 거기에 어떤 의미가 담겨 있습니까? '최고다, 제일이다, 넘버원이다' 혹은 요즘 아이들 말로 '짱이다, 캡이다, 탑이다, 따봉' 등의 '좋다는, 칭찬하는, 격려하고 응원하는, 지지하는' 뜻으로 사용됩니다.

- 당신의 왼손 엄지손가락 첫 마디에 자신의 최고의 모습, 목표를 달성했을 때의 모습, 마음의 평화가 넘치는 행복한 모습, 강의 후 약속을 지켜 나갈 자신의 결의에 찬 모습 등을 그리게 합니다.
- 1박, 또는 2박 3일의 강의를 통해 서로의 목표와 꿈에 대해서 알고 있는 사람들끼리 서로 격려하고 칭찬하는 시간으로 마무리할 수 있습니다.

"당신은 Top 세일즈맨입니다."

"정상에서 만납시다."

"행복한 리더가 되세요."

"명강사의 꿈이 이루어질 것입니다."

"멋진 아버지십니다."

"최고의 남편(아내)입니다."

서로에게 최고의 말로 강의나 모임의 끝을 세레모니식으로 마칠 수 있습니다.

66
하루 마지막 24시간

목적 자신에게 주어진 주위의 모든 것에 대한 의미를 다시 한 번 살펴보고 점검해 보는 시간을 갖습니다.

진행 방법

1. 내일 당장 내가 죽는다면 오늘 하루를 어떻게 살 것인지를 시간별로 적어 보게 합니다.
2. 가수 김범수가 부른 〈하루〉의 노래가사를 보면서 부르는 시간을 갖습니다.

하루 ♪ 김범수

사랑이 날 또 아프게 해요
사랑이 날 또 울게 하네요
그렇게 사랑했던 추억마저 잊어 달라며
사랑은 잔인하게 떠나가네요

정말 내가 괜찮을까요
그대가 한 그 인사처럼
그래 그댄 눈 가린 채 모른 척 떠나는 게
차라리 편할 티죠
변할 수도 있는 거겠죠
저 바람도 매일이 다른데
그래도 이 세상에 살고 싶단 행복을 주는 건
너무나도 고마웠어요

사랑이 날 또 아프게 해요
사랑이 날 또 울게 하네요
그렇게 사랑했던 추억마저 잊어 달라며
사랑은 잔인하게 떠나가네요

잊을 수도 있을 거예요
그대처럼 나도 변하겠죠
하지만 그날까지 내가 어찌 살아 낼까요
벌써 그댈 보고 싶어요

사랑이 날 또 아프게 해요
사랑이 날 또 울게 하네요
그렇게 사랑했던 추억마저 잊어 달라며
사랑은 잔인하게 떠나가네요
이렇게 또 하루가 지나가네요

사랑이 날 또 아프게 해요 (아프게 하네요)

사랑이 날 또 울게 하네요 (떠나네요)

다시는 못 쓰게 된 내 가슴은 이렇게 아픈데

사랑은 꿈을 깨듯 허무하네요

이렇게 또 하루가 지나가네요

● 토의사항

- 자신의 마지막 24시간 '하루'를 기록한 것을 팀별로 돌아가면서 나누어 놉니다.

시간	시간별 구체적인 생각과 행동
1	
2	
3	
4	
5	
6	
7	
8	
9	
10	
11	
12	
13	
14	
15	
16	
17	
18	
19	
20	
21	
22	
23	
24	

67
고객 알기 게임

목적　'고객 알기 게임'은 참가자들의 다양한 지식의 두드림과 창조적인 사고 가치를 설명하기 위한 활동이며, 우리가 늘 접점에서 만나는 고객에게 존재하는 풍요로움을 강조하기 위한 것입니다.

준비물　PPT(다른 준비물은 없지만, 단어들을 PPT로 만들면 보다 효과적인 학습 진행이 가능해집니다.)

진행 방법

1. 먼저 Customer(고객)라는 단어의 철자 8개를 확인하고 각 팀에게(혹은 개인들에게) 철자를 한 번만 사용해서 가능한 많은 단어들을 만들어 내라고 요청합니다.
2. 각 단어들이 당신의 팀 미팅이나 참가자들의 업무와 어떤 관련이 있는지를 확인하게 하고 '고객 알기 연습'을 통하여 새로운 학습을 하게 합니다.
3. 참가자들에게 촉박한 시간 제한(예를 들어 3분 혹은 5분)을 주고 시작합니다.

4 참가자들이 찾아낸 몇몇 단어들을 가지고 스토리를 만들어 내는 것도 좋은 진행 방법이 됩니다.
5 각 팀별로 찾아낸 단어들을 발표하면서 고객에 대한 어떤 단어들이 나올지 기대를 갖고 게임을 합니다.
6 더 이상 팀에서 단어가 발표되지 않을 즈음에 아래 참고자료를 화면으로 띠우면서 고객과 관련된 단어들이 얼마나 많은지를 다시 한 번 확인해 봅니다.

> ● 토의사항
> - 당신은 이 게임을 시작하기 전 얼마나 많은 단어들을 찾을 거라고 예측했습니까?
> - 당신 자신의 기대를 초과했거나 미달했습니까? 왜 그렇죠?
> - 당신이 예측한 얼마나 많은 단어들을 발견할 수 있었습니까? 실제적인 총합과 어떻게 비교되나요?
> - 이 고객 알기 게임은 당신에게 무엇을 설명합니까?

> TIP

- 풍부한 언어 기술을 지닌 참가자들은 이 활동에서 두각을 드러낼 것입니다. 낮은 언어 기술을 가졌거나 창의성이 떨어지는 사람들은 좌절을 경험할 것입니다. 활동 후 토의하는 동안에 어떤 사람들은 단어와 관련한 능력이 뛰어나고, 어떤 사람들은 숫자와 관련한 능력이 뛰어날 거라고 설명해 줍니다. 모든 참가자들이 문제해결의 과정에 공헌할 때, 팀과 조직에 이익을 가져오는 것을 발견할 것입니다.
- 만약 당신이 주관하는 미팅의 주제가 판매나 고객 서비스라면, '고객customer'이라는 단어 안의 '판매'를 뜻하는 기원에 초점을 둔다면

더욱 효과적인 아이스브레이크 게임이 될 것입니다. (예를 들면, 사용하다use, 사용자user, 좀 더more, 가게store, 비용cost) 좋은 고객 서비스의 요소 중의 하나는 상품과 고객 모두를 아는 것이라고 말해 주면서 진행합니다.

- 또 다른 게임으로 '리더십Leadership'이라는 10개의 철자를 활용하여 어떤 리더의 특성들이 나올지 브레인스토밍해 봅시다. '서비스Service'라는 7개의 철자 안에는 서비스의 어떤 특징들이 들어 있을까요? 이렇게 자신과 관련 있는 키워드나 강의의 핵심 주제를 가지고 브레인스토밍을 해보면 생각지도 못한 재미있는 아이스브레이크 활동이 이루어집니다. '코칭Coaching, 성과Performance, 액션러닝Action learning, 아이스브레이킹 Ice Breaking' 등의 단어들로도 이 아이스브레이크를 점진시켜 나갈 수 있습니다.

고객customer이라는 단어 안에 무엇을 포함하고 있나요?

정답 고객 알기 브레인스토밍 게임

Rose 장미		Corset 코르셋	Tomes 책
Role 기계적 유형		Core 핵심	Tore 찢다
Rot 직무범위	Costume 의복	Cur 똥개	Tome 큰 책
Rut 궁지	Tour 여행하다	Cut 자르다	To ~에게
Rest 휴식	Most 대다수	Course 과정	Set 구성
User 사용자	Must 반드시	Comes 오다	Source 원천
Use 사용하다	Met 만나다	Comer 오는 사람	Sot 주정뱅이
어둠 깨기	Mouse 쥐	Come 오다	Sore 아픈
Or 혹은	More 좀 더	Cole 코트	Some 약간
Ore 광석	Me 나	Cost 비용	Sum 합계
Us 우리	Toes 발가락	Col 칼라	Count 백작

68
세렌디피티
행운의 게임

개요   참가자들을 맞이하여 서로에 대해 알아 가도록 상호교류하게 하고, 서로의 생각과 판단을 통해 전체 참가자들을 끼리끼리 뒤섞고 흩어지게 하면서 자신의 선택에 대한 책임과 행운을 경험하게 합니다.

준비물   숫자 1, 2, 3, 4가 적혀 있는 깃발이나 색도화지, 커다란 게임용 주사위, 숫자가 적힌 탁구공 4개와 주머니

진행 방법

1. 참석한 전체 인원에게 모임장소의 각 모서리에 1, 2, 3, 4의 숫자가 적힌 깃발이나 도화지를 가리키며 위치를 말해 줍니다.
2. 다양한 주제와 테마를 가지고 진행할 수 있습니다. 참가자들은 자신이 가장 원하거나 자신을 잘 표현해 주는 번호를 선택하여 모서리로 갑니다.
3. 예를 들면, "당신이 가장 좋아하는 계절은?"
   ① 봄
   ② 여름

③ 가을

④ 겨울

4 진행자의 요청에 따라 참가자들은 자신이 좋아하는 계절의 번호가 있는 모서리로 갑니다.

5 진행자는 각 계절을 좋아하는 이유를 물어볼 수도 있고, 구성원끼리 선택한 이유를 물어보게 한 후, 주사위를 굴립니다. (혹은 주머니 속의 탁구공을 하나 꺼냅니다)

6 이때 나오는 숫자는 폭탄이 되어 그 모서리에 서 있는 사람들은 모두 탈락하여 모임장소 가운데에 원을 그려 그곳에 탈락한 사람들을 가두어 둡니다.

7 이런 식으로 한 사람의 행운아가 남을 때까지 행운의 게임은 계속 진행됩니다.

8 게임 중간에 일찍 탈락한 사람들에게 패자부활전의 기회를 주어 이번에는 1, 2, 3, 4번의 모서리에 가 있는 사람들 중 선택된 번호만 살아나는 행운의 게임으로 진행하는 운영의 묘미를 살릴 수도 있습니다.

9 전체가 와글와글 서로 대화하고 눈치 보며 따라가고 상호교류하는 자연스러운 아이스브레이크 게임으로 '그 이유, 왜, 무엇 때문에' 등으로 물어볼 수 있습니다.

> TIP

- 진행자는 참가 대상들에 따라 필요한 주제를 뽑아서 문제를 만들 수도 있습니다.
    - 당신이 가장 좋아하는 스포츠는? (축구, 야구, 골프, 농구)
    - 당신이 가장 좋아하는 여행지는? (제주도, 강원도, 전라도, 경상도)

― 당신이 가장 관심 있게 보는 TV 프로그램은? (뉴스, 스포츠, 다큐멘터리, 드라마)

― 좋아하는 여행지에서 가장 가고 싶은 곳은? (산, 바다, 계곡, 섬)

― 가장 좋아하는 음악은? (가곡, 가요, 팝, 클래식, 락, 힙합, 재즈, 국악)

― 최고의 교통수단이라고 생각하는 것은? (자동차, 기차, 배, 비행기)

― 좋아하는 책의 분야는? (소설, 만화, 자기개발, 예술문학)

― 지금 가장 간절히 원하는 것은? (잠, 여행, 친구, 일)

― 가장 좋아하는 나라는? (호주, 캐나다, 남아공, 터키)

― 만약에 할 수 있다면 꼭 하고 싶은 것은? (대통령, 국회의원, 시장, 도지사)

R & D에서
R & C로

개요   개인과 조직의 성장을 위해서 R&D(연구개발Research & Development)에 투자하던 시간과 자원을 연구 분석하여 관계를 성공적으로 연결하고 접속해 가는 것이 중요해진 시대입니다. R&D에서 R&C가 무엇이라고 생각하십니까? C는 Connect에서 따온 말로 '잇다, 연결하다, 마음이 통하다'라는 '접속'의 의미입니다. 지금은 네트워크로 하나 되는 세상이고, 수직보다는 수평의 시대입니다. 이제 당신의 인간관계와 마음으로 연결된 접속의 의미를 체크해 봅시다.

R&C	How?
가족	
학교	
신앙	
직장	
사회	
새로운 관계	

첨부된 자료에 당신의 든든한 관계와 어떤 상황에서도 당신 편이 되어 줄 네트워크 관계를 체크하는 시간을 가져 봅시다. 개인이든, 조직이든, 지금 당장 당신의 Connector를 체크해 보십시오.

1 당신의 주요 고객이 누구입니까?
2 누가 당신의 든든한 후원자입니까?
3 당신의 멘토는 누구입니까?
4 당신의 모든 것을 모니터링해 주는 러닝 코치는 누구입니까?
5 당신이 지지하며 세워 나가는 다음 세대를 이끌 새로운 리더가 있습니까?

기록된 내용을 가지고 서로 돌아가며 대화해 봅시다.

70
Top 10 & Best 10 게임

개요 Top 10, Best 10은 그 자체로 수많은 사례와 비하인드 스토리를 포함하고 있습니다. Top 10에 들어가기 위해 많은 사람들과 브랜드들이 겪는 치열한 생존경쟁은 이 정보를 접하고 그 과정을 보는 사람들에게 많은 스토리텔링과 메타포를 줍니다. 우리나라, 또는 전 세계적인 Top 10 목록과 Best 10이라고 하는 주제들을 가지고 브레인스토밍하면서 짧은 시간에 자신의 관심사에 적극적으로 참여하게 하여 아이스브레이크의 즐거움을 만들어 가는 재미있는 활동입니다.

진행 방법
1 진행자는 먼저 Top 10에 들어가는 내용들을 선택합니다. 물론 선택할 때 참가자들의 호기심을 유발시켜 적극적으로 참여할 수 있는 내용이어야 합니다.
2 각 팀별로 주어진 주제에 맞는 Top 10을 찾아내기 위한 브레인스토밍을 하면서 자연스러운 아이스브레이크가 이루어지게 합니다.
3 4분 정도의 시간을 준 후 진행자는 준비된 10위부터 거꾸로 Top 10 목록을 발표합니다.

4. 참가팀들은 순위와 상관없이 자신들이 최종 선택한 목록 안에 10개의 목록이 포함되어 있다면 동그라미를 치면서 게임에 참여합니다.

> TIP

- Top 10 게임은 참가자들이 서로의 경험과 알고 있는 정보들을 쏟아내며 친밀감을 형성하는 소통을 위한 아이스브레이크이므로 참가 대상들과 어울리는 주제를 선택하면 좋습니다.
- 인터넷 사이트에서 www.Top10.com이나 www.toptenz.net 등 Top 10이라는 단어로 검색해 보면 이 아이스브레이크 게임을 하기에 좋은 주제들을 선택할 수 있습니다.
- 예를 들면, Top 10 Songs list / Top 10 Everyone's favorite things / Top 10 Brands / Top 10 Movies / Top 10 Incredibly Beautiful Tree Tunnels 같은 게임은 학습 참가자들에게 다양하고 새로운 정보를 주는 아이스브레이크가 될 것입니다.
- 특별히 Top10.com에 꼭 접속해 보십시오. Top 10 게임에 대한 다양한 아이디어와 이 게임을 자기만의 방식으로 만들 수 있는 재료를 얻을 수 있을 것입니다. Top 10 Things to do in Paris를 서울에서 꼭 가 봐야 할 곳 Best 10으로 바꾸어서 브레인스토밍을 해도 좋겠지요.
- 전 세계적으로 관광객이 가장 많이 가는 나라 Best 10을 찾는 것부터 시작해서 조금만 생각해 보면 강의와 연결된 Top 10, Best 10 소재들을 발견할 수 있을 것입니다. 참가자들을 환영하고 맞이하는 즐거운 아이스브레이크 시간을 계획해 보세요.

포스터 그리기

개요 포스터 그리기 활동은 참가자들에게 이전 학습을 정리하거나 모임 중에 성찰한 학습 아이디어를 시각화시키는 액션러닝 아이스브레이크입니다. 한국리더십센터의 '성공하는 교사들의 7가지 습관'에 참가해 보면 2박 3일 동안 학습장소에 걸려 있는 다양한 그림들과 전시된 책들, 학습 도구들을 볼 수 있습니다. 각 습관별 내용들 하나하나를 표현하는 그림과, 그에 어울리는 카피화된 문장들은 학습자들의 시선을 사로잡기에 충분한 생생한 시각도구였습니다. 거기에 플립차트를 활용하여 학습내용 중 중요한 주제나 개념들을 그려서 발표한 후 벽면에 붙여 놓고 참가자들이 쉬는 시간에 그것들을 보면 재학습이 일어나게 하는 학습 도구가 됩니다. 학습 참가자들의 통찰력과 상상력을 동원한 학습 포스터를 그리는 시간을 통해 학습자가 이해하고 깨달은 지식과 지혜를 공유하는 효과적인 아이스브레이크입니다.

시간 9~10분

준비물 플립차트나 도화지, 크레용, 색연필, 수성펜, 스카치테이프 등

진행 방법

1. 학습 참가자들에게 학습내용 중 마음을 움직인 최고의 아이디어나 주제를 하나씩 선택하라고 요청합니다. 개인별로 활동하여 자신에게 도움이 되거나 변화의 계기가 된 내용을 선택하도록 합니다. 그림을 통해 포스터를 만들 수도 있고, 교훈적이거나 깨달음의 글들도 좋은 시각자료 포스터가 될 수 있음을 알려 주고 다양한 샘플을 보여 주며 진행을 촉진합니다.
2. 정해진 시간(9분 이내) 동안 포스터를 완성하여 개인별로 벽면에 부착하고 자유롭게 돌아다니며 다른 사람들의 포스터를 견학하고 대화하는 시간을 줍니다.
3. 2~3명의 팀을 구성하여 팀별로 포스터를 완성하게 하는 시간을 주는 것도 좋은 방법입니다.
4. 어떤 교육이든 각각의 모듈이 끝날 때마다 각 모듈에서 깨달은 내용을 포스터로 그리는 활동으로 참가자 중심의 경험학습과 아이스브레이크가 함께 이루어질 수 있습니다.

● **토의사항**
- 참가자들에게 포스터 그리기 활동을 통해서 느끼고 깨달은 것을 이야기하는 시간을 줍니다.
- 가장 잘 만들어진 포스터를 뽑는 과정에서 활동 내용에 대한 관심과 관찰을 통해 관계 형성이 이루어지도록 도와줍니다.
- 크레용과 색연필을 가지고 포스터에 색을 칠하면 더욱 완성도 높은 멋진 시각자료가 되어 참가자들의 학습 의욕을 높이는 활동이 됩니다.

72
하나 둘 셋
라인 게임

개요   참가자 전체를 활동적으로 참여시키는 액티비티 러닝 게임입니다. 참가자들의 적극적 태도와 순발력을 요구하며 산만하고 흩어져 있는 마음과 생각을 모으는 효과가 있는 아이스브레이크입니다.

준비물   청테이프나 바닥에 선을 그을 수 있는 도구

진행 방법

1. 게임을 진행할 바닥에 2개의 선을 긋고, 장소를 세 곳으로 나눕니다.
2. 나누어진 세 장소의 바닥에 숫자로 '1, 2, 3'이라고 써넣습니다.
3. 모든 참가자들을 '1'이라고 쓰인 장소에 서라고 요청합니다.
4. 참가자들은 게임 진행자가 외치는 숫자의 장소로 이동하는 게임입니다. 예를 들면, "3!"이라고 진행자가 외치면 모든 참가자들은 '3'이라고 쓰인 장소로 이동합니다.
5. 이때, 이동 장소에 가장 늦게 도착한 사람들을 탈락시키면서 마지막에 1~3명의 사람이 남을 때까지 진행합니다.

> TIP

- 하나, 둘, 셋 게임은 잘 뛰는 사람을 가려내는 게임이 아니라는 것을 기억해야 합니다. 순발력과 집중력을 테스트하는 게임입니다. 이 게임을 참여하는 사람들은 오직 진행자의 몸짓 하나하나에 목소리에 민감하게 반응하므로 진행자의 자연스럽고 능숙한 연습이 필요합니다.
- 예를 들면, '3'에 있는 참가자들에게 손짓으로 '1'을 가리키면서 "셋!" 하고 크게 외치면 참가자들 중 몇 명은 '1' 쪽으로 달려가려고 '3'의 장소를 벗어나게 되는 해프닝이 벌어집니다. 탈락된 사람들도 구경하는 재미가 있는 게임으로 끝날 때까지 전체가 아이스브레이킹이 이루어지는 활동입니다.

73
밀착 게임, 샴쌍둥이 체험하기

개요   일명 '샴쌍둥이 체험 게임'이라고도 하는 이 활동은 강력한 스킨십을 일으킵니다. 이 게임은 참가자들을 적극적으로 참여하게 하고 마음을 열게 하며 서로 소통하게 합니다.

진행 방법

1 먼저, 탈무드의 샴쌍둥이 스토리를 들려 줍니다.

어떤 사람이 랍비를 찾아와 물었습니다.

"랍비여, 머리는 둘이고 몸은 하나인 사람이 있는데, 한 몸입니까 아니면 두 몸입니까?"

"화상을 입지 않을 정도의 뜨거운 물을 한쪽 머리에 부었을 때, 옆의 머리가 함께 뜨거워 고통스러워 한다면 한 몸이요, 그렇지 않고 아무런 반응이 없거나 웃고 즐거워 한다면 두 몸인 것이지요."

이 탈무드 이야기를 생각하면서 한 가족, 한 울타리, 한 팀, 한 민족이라는 마음으로 샴쌍둥이 체험활동을 해봅시다.

2 참가자들은 둘씩 짝을 지어 밀착 게임을 위한 준비를 합니다.

3 진행자는 참가자들에게 신체 부위 중에 어느 한 곳을 파트너와 의논하

여 밀착시키라고 합니다.

4 참가자들은 머리, 또는 발, 등, 엉덩이 등 신체의 한 곳을 밀착하게 됩니다.

5 게임 진행자가 "떨어지세요!"라고 말하기 전에는 밀착된 신체부위가 떨어지지 않게 조심스럽게 움직이면서 진행자의 요청에 따라 움직입니다. 예를 들면, "앞으로 행진하세요!", '다른 친구들과 하이파이브 하세요!", "모두 다 같이 만세 삼창을 외치세요!", "높이뛰기를 합니다!" 등 다양한 활동을 요청합니다.

6 몇 차례의 활동과 움직임을 한 후에 진행자가 '하나, 둘, 셋'을 외치면 붙어 있던 참가자들의 신체 부위가 분리되어 자유롭게 된다고 설명하고, 모두 '하나, 둘, 셋'을 외치자고 요청합니다. 밀착되어 있던 신체부위에서 진행자의 분리수술 후 자유로워진 참가자들의 환호와 밝은 얼굴은 모임의 분위기를 살리는 동기부여 효과가 있습니다.

> TIP

- 게임 진행자는 전체 게임의 분위기를 자연스럽게 진행하여 불편한 상황이 발생하지 않도록 해야 합니다. (촉진자 및 조력자 역할을 잘해야 합니다.) 또한 밀착 게임으로만 끝나지 않고 샴쌍둥이 체험이라는 피드백을 통해 신체의 자유로움이 얼마나 감사한 일인지를 느끼게 하는 경험학습으로 진행할 수 있습니다.
- 장난스런 행동으로 참가자들이 분위기를 해치며 게임의 효과를 반감시킬 수 있는 요소가 있으므로 잘 준비하여 진행해야 합니다. 샴쌍둥이가 되어 행진이나 활동에 참여할 때, 음악이 있으면 더 좋습니다.

74
블록 쌓기,
팀 연출 게임

개요 '블록 쌓기 게임'은 활발한 커뮤니케이션을 통해서 완성된 작품을 만들어 가는 활동입니다. 아무것도 없이 시작하여 활발한 소통 과정을 통해 학습자들의 집중력, 기억력, 팀워크를 발휘하여 팀 전체가 연출하는 아이스브레이크 게임입니다.

준비물 팀 수보다 한 세트 더 많은 블록 세트(각 팀의 블록은 색깔, 모양 등 모든 것이 같은 조건이어야 합니다. 블록이 없을 경우 종이컵 세트나 색연필 세트를 활용해도 좋습니다.)

진행 방법
1. 먼저 게임 진행자는 블록으로 하나의 완성된 작품을 모형으로 만들어 각 팀에 보이지 않게 감추어 둡니다.
2. 각 팀원들은 정해진 팀의 자리에 둥글게 앉아 개인 번호를 정합니다.
3. 게임이 시작되면 각 팀 1번부터 차례대로 게임 진행자의 요청에 따라 완성된 모형 블록 작품을 10초 동안 볼 수 있습니다.
4. 10초가 지나면 자신의 팀으로 돌아가서 자신이 본 그대로 전달하여

나머지 팀원들이 블록을 만들도록 해야 합니다. 이때 작품을 보고 온 사람은 말로만 설명해야 하고 나머지 팀원들이 설명만 듣고 모형을 만들도록 규칙을 정하는 것이 좋습니다.

5. 약 1분 정도의 시간이 지나면 2번인 사람이 진행자의 요청에 따라 앞 사람과 똑같이 작품을 10초 동안 보고 팀으로 돌아가 팀원들에게 설명하고 작품을 완성해 갑니다.

6. 이런 과정을 진행하면서 잘못 보고 전달된 내용들이 수정되고 다시 만들어지게 됩니다. 이렇게 모든 팀원들이 작품을 보고 돌아오면, 마지막으로 팀장이 완성된 작품을 보고 와서 자기 팀의 작품을 완성시키는 마지막 작업을 하여 게임을 종료합니다.

> **TIP**
>
> - 각 팀이 블록을 만드는 과정은 서로 볼 수 없도록 진행되어야 합니다. 각 팀의 완성된 블록 작품들을 서로 볼 수 있게 전시를 합니다. 점수 계산 방법은 블록의 방향, 색깔, 위치, 모양 등을 완성품과 비교해서 다른 점이 발견될 때마다 점수를 감점해 나갑니다. 모형 블록 완성품과 가장 똑같이 만든 팀이 승리하는 팀 커뮤니케이션 게임입니다.
> - 이 게임은 블록으로 작품을 완성하는 과정에서 팀의 단합, 리더십, 소통을 이끌어 내는 데 큰 역할을 하며 설명하는 방법이나 의견을 수렴하여 팀을 한 방향으로 이끌어 나가는 활력 있는 교육게임이 될 것입니다.

75 자음 퀴즈 노래방

개요 참가자들의 집중력과 관심을 끌어내는 자음게임을 활용하여 자음퀴즈로 진행합니다. 자음퀴즈의 내용은 다양한 주제를 가지고 진행할 수 있으며 여기서는 노래방 게임을 예로 들겠습니다.

준비물 자음으로 된 노래 제목 퀴즈 판이 적힌 스케치북, 또는 노트북과 빔프로젝트, 노래방 기계나 악기가 동원된다면 더욱 좋겠지요.

진행 방법

1 먼저, 전체 참가자들을 3~4개의 팀으로 나누고, 팀의 이름을 정하도록 합니다.
2 진행자는 노래 제목이 적힌 글자판을 보여 줍니다.
3 예를 들면, 초성 'ㄴ ㅎ ㅇ ㅊ'이 적힌 노래의 제목을 보여 줍니다.
4 진행자는 참가팀들 중 먼저, 소속 팀의 이름을 외친 팀에게 기회를 줍니다. 만약 이 팀이 한 번의 기회에서 틀리면 다른 팀에게 기회를 준 후에 다시 다른 팀과 동등한 기회를 줄 수 있습니다.
5 기회를 얻어 "남행열차!"라고 노래 제목을 맞히면 100점을 주고, 팀

전체가 노래를 부르는데 진행자가 그만하라고 할 때까지 노래를 부르면 다시 100점을 더 줍니다. 결국 노래 제목을 맞히고 노래를 끝까지 부른 팀은 200점을 받게 됩니다. 노래 제목은 맞혔는데 팀 전체가 노래를 부르는 모습이 소극적이거나 한두 사람만 노래를 부르면 노래 부르기를 다른 팀에게 넘길 수 있습니다.

> **TIP**
> - 팀 간의 점수 차이를 좁히기 위하여 다른 팀이 노래 제목을 맞히고 노래를 부를 때, 춤을 추거나 적극적인 참여를 보이는 팀에게는 보너스 점수를 줘서 점수의 폭을 진행자가 자유롭게 조절하여 효과적으로 게임을 이끌어 나갈 수 있습니다. 또한 노래방 기기나 악기까지 동원될 수 있다면 최상의 분위기가 연출될 것입니다.

림보댄스 1, 2, 3

개요 '림보댄스' 하면 누구나 한번은 참여한 경험이 있을 것입니다. 고전적이고 기본적인 아이스브레이크 게임이지만 여전히 참가자들을 환영하고 맞이하여 즐거운 쇼를 연출하게 하는 댄스게임입니다. 몸의 유연성과 함께 허리를 젖혀 림보 춤을 추고 있는 자신의 모습을 보면서 다른 참가자들에게 웃음과 즐거움을 줄 수 있는 활동입니다.

준비물 빠르고 경쾌한 음악, 줄자나 긴 막대, 투박한 막대보다는 낚시대가 좋습니다.

진행 방법

1. 먼저, 전체 참가자가 가슴 위치에 주어진 막대 밑을 통과해 보게 합니다.
2. 엉성하게 통과하는 사람부터 시작해서 제대로 워밍업을 하면서 지나가기 시작합니다.
3. 이번에는 두 사람의 보조 진행자를 통해 허리위치에 막대나 줄자를 놓고 통과하게 합니다.

4. 대부분의 사람들이 포기하거나 탈락을 하게 되는 상황이 연출됩니다.
5. 이제 진짜 각 팀별 림보댄스를 위한 대표선수를 선발하도록 합니다.
6. 선발된 2~3명의 대표선수들은 음악이 나오면 모두 림보댄스를 추며 출발합니다.
7. 어깨, 가슴, 허리까지 각 단계로 점차 내려가면서 탈락하지 않고 통과한 사람들은 이제 마지막 관문인 엉덩이 높이의 막대를 향해 음악과 함께 출발합니다.
8. 결국 반칙 없이 마지막까지 남은 사람이 승리와 함께 참가자들의 환호를 받습니다.

> TIP

- 림보댄스의 룰을 정확히 전달해야 합니다. 다리를 어깨 넓이로 벌리고, 두 손은 허리에 대고, 고개를 뒤로 젖히고 껑충껑충 뛰면서 주어진 높이의 막대를 통과해야 합니다. 약간의 융통성을 발휘하면서 게임을 진행할 수 있으면 더욱 좋겠지요.

IcebreAk
Achievement

▼
▲

목표를 달성하고 성취를 맛보는 자부심을 갖게 하라

진행자는 다양한 아이스브레이크 활동을 통해서 성취하고자 하는 목표를 인식해야 합니다. 단지 즐기기만 한다면 그것은 레크리에이션에 더 가까울 것입니다.
아이스브레이크의 목표는 진행된 프로그램(강의, 모임 등)을 위해서 참가자들을 잘 준비시키는 것입니다. 이 목표를 절대 잊어서는 안 됩니다. 내가 왜 이 아이스브레이크를 하는지를 기억하라는 의미입니다. 아이스브레이크는 수단이고 과정이지 목표가 아닙니다. 진행자는 아이스브레이크를 통하여 성취하고자 하는 것이 무엇인지를 명심해야 합니다.

Be, Do, Have Process
(BDH Goals)

개요   '존재, 행동, 소유'라는 과정을 통하여 자신이 올해 안에 도전, 실행, 경험하고 싶은 목록을 적어 보는 시간입니다. 팀별로 어떤 목록을 계획했는지 서로 나누어 보면 유익한 시간이 될 것입니다.

Be-Do-Have 과정의 의미는 Have-Do-Be의 과정처럼 사람들은 무엇을 소유하기 위한 목표와 무엇을 실행하겠다는 목표는 세우지만, 무엇이 "되기 위한(존재)" 목표를 세우는 사람들은 많지 않습니다. 그러나 분명한 한 가지는 무엇을 획득하고 행동한다는 목표를 달성하기 전에, 반드시 자신이 무엇이 되고자 하는지 당신의 가능성과 잠재능력을 개발하는 목표를 세워야 할 것입니다. 이 활동을 통하여 내 안에 잠자고 있는 잠재능력을 열어 봅시다.

📎 **첨부자료**

- 매일 1시간씩 글을 쓴다.
- 매일 웃는 시간 갖기(거울을 보고 자신의 웃는 얼굴을 보는 시간을 가져라)
- 최고의 강사 되기
- 자연을 즐기자(수목원, 자연 휴양림, 등산, 주말 농장, 바다)
- 사진첩 보며 정리하기
- 1년 이상 연락 없는 사람에게 전화하기
- 경험해 보고 싶은 목록 만들기
- 서점에 가서 전혀 다른 주제 접해 보기
- 좋은 부모 되기
- 자전거 타기(자전거를 먼저 소유해야 한다)
- 하루 책 한 권 읽기
- 책 쓰기를 통한 작가 되기
- 환경단체, 고아원, 양로원 등 자선단체에 기부하기
- 성공적인 삶을 즐기는 사람과 식사하기
- 남아공(아프리카) 가기
- 사랑하는 사람들에게 선물 한 가지씩 하기
- 매일 조깅하기 "나는 달린다(매일 4Km)"
- 암벽등반 30m 도전하기
- 하루 신구약성경 한 장씩 읽기
- 가족들과 30분간 대화하기
- 외국어(영어, 중국어, 일어) 배우기
- 4행 일기 쓰기
- 수영 배우기

Goal List

Be
되고 싶은 것

Do
하고 싶은 것

Have
가지고 싶은 것

78
아니 이럴 수가?
암호풀이 게임

개요   팀의 행동뿐만 아니라 생각과 마음의 단합을 창출하기를 원할 때, 이 아이스브레이크 게임을 통하여 팀원들의 사고와 집중력을 모으는 데 사용할 수 있습니다. 크고 작은 각 모임의 주제나 테마를 퍼즐, 게임, 퀴즈식으로 문제를 만드는 것도 좋은 방법입니다.

진행 방법
1. 아래의 암호문을 팀 전체가 단결하여 풀어 보세요.
2. 각 가로줄의 공통점이나 관련성을 가지고 단어와 행간의 의미를 읽다 보면 새로운 힌트가 생기고 세로로 된 5음절과 7음절의 정답이 완성되게 됩니다.
3. 각 팀별로 게임에 임하는 자세가 적극적이고 상호교류가 활발하게 이루어지는 아이스브레이크 게임으로 진행할 수 있습니다.

TIP
- 첫 번째 암호풀이를 먼저 각 팀별로 한 장씩 나누어 주면 약 1~2분 사이에 한두 팀이 〈이판은 무효〉라는 정답을 찾아내게 됩니다. 문제

를 풀려고 애쓰던 다른 팀들도 그제야 어떤 식으로 문제를 접근해야 하는지를 알게 됩니다. 그때 진행자는 수고했다고 이야기하면서 "말 그대로 〈이판은 무효〉입니다. 이제 진짜 암호풀이 문제를 나누어 드리겠습니다" 하고 두 번째 암호풀이를 팀별로 배부합니다.

- 첫 번째 나누어 준 〈이판은 무효〉라는 정답이 나오는 과정에 대한 이해를 하지 못한 팀원들과 이해한 팀원들 사이에 이해를 돕기 위한 설명과 대화가 오가면서 여기저기서 "아하!" 하는 탄성들이 나오고 두 번째 배부된 암호풀이에 적극적으로 참여하게 됩니다.

다음의 암호문을 팀 전체가 단결하여 풀어 보세요

첨부자료

암호문 풀이 1

이	두 개, 입술 속, 이빨, 2
판	빨래, 바둑, 레코드, 도박
은	반지, 열전도율의 첫 번째인 것, 은하수 따라 가 버린 사랑
무	어? 없다, 아침 안개, 無
효	충성!, 인간의 근본, 부모님께!, 있을 때 잘해!

📎 **첨부자료**

암호문 풀이 2

팀 전체가 재치와 아이디어를 모아 풀어 봅시다.

- [ ] 아파트, 땅, 드넓은 평야, 평평해?
- [ ] 꽃, 불, 금수강산말고 화려강산
- [ ] 사탕? 초콜릿?, 드롭프나 먹지 뭐!
- [ ] 옆 걸음, 바다, 너랑 나랑 꽃게랑
- [ ] 어떻게, Sky, 下, 웃음, How?
- [ ] 정육점, Small, 소개소냐 소개서냐?
- [ ] 신호등, 방향, Stop!, 서울

정답 아니 이럴 수가? 암호풀이 게임

79
내가 만약에

개요 이 아이스브레이크 게임의 주된 기대효과는 솔직한 자기소개, 분위기 전환, 커뮤니케이션 개선, 자기주장 능력의 강화입니다.

준비물 A4용지, 볼펜

진행 방법

1 만약에 내 이름을?

① 만약 자신의 이름을 바꾼다고 한다면 어떤 이름으로 바꾸고 싶은지, 또는 졸대로 바꾸고 싶지 않다면 왜 그런지 1~2분간 발표하게 합니다.

② 이 발표를 통해 자신의 이름을 지어 준 부모님에 대해서도 한번 생각해 보게 합니다.

③ 지금까지 살아오면서 이름 때문에 즐거웠던 추억이나 곤란했던 추억들에 관한 이야기를 나눌 수 있습니다.

④ 흔한 이름을 바꾸면 좀 더 인생이 좋아지는 것은 아닌가 하는 꿈이나 희망을 표현하게 될 것입니다.

⑤ 자신의 이름에 만족한다면 그 이름의 뜻과 의미를 소개하게 하고 큰 소리로 자신의 이름을 불러 보게 합니다. "○○야! 나는 내가 정말 좋다!" 하고 감정을 넣어서 크게 소리쳐 부르게 해보세요.

2 만약에 내가 정말 하고 싶었던 일을 할 수 있다면?

① "만약에 내가 다시 직업을 바꾼다고 한다면 어떤 직업을 택하고 싶습니까?"

② 야구선수도 좋고, 영화배우도 좋고, 교수, 의사, 변호사, 가수, 정치인, 디자이너, 기자, 과학자……. 어떤 직업이라도 좋습니다. 구체적으로 1인당 1~2분간 팀 내에서 발표하라고 안내합니다.

③ 이 발표를 통해 전원이 즐겁게 자신의 꿈을 이야기하게 되므로 활기찬 분위기에서 이야기가 진행될 것입니다.

④ 변화와 성장의 가능성을 가지고 자신이 하고 싶은 일에 도전할 수 있는 용기를 줄 수 있습니다.

⑤ 인생의 하프타임(앞으로 다가올 남은 인생의 후반전)을 생각해 보는 시간이 될 수 있습니다.

어린아이처럼 되기, 창의성 체크리스트

어린이들의 자연적 특성과 효과적인 팀의 특성

개요   지능이 높은 사람처럼 행동하면 지능이 높은 사람이고, 지능이 낮은 사람처럼 행동하면 그 사람이 얼마나 똑똑한지 혹은 교육 수준에 상관없이 지능이 낮은 사람입니다. 어린아이들의 자연적 특성과 효과적인 팀의 특성을 읽어 보면서 원하는 꿈과 목표를 창의적으로 해결하는 긍정적인 정신 자세의 중요성을 배우며, 성취감과 자부심을 갖게 하는, '정보를 주는' 아이스브레이크 활동입니다.

● 토의사항
- 어린아이들의 자연적인 특성과 성공적이고 효과적인 팀의 특성이 왜 같은가?
- 위의 두 팀의 특성과 나의 특성에는 어떤 차이가 있는가? 그 이유는?
- 어린아이들의 자연적인 특성에서 내가 배워야 할 것은 무엇인가? 그 이유는?

📎 **첨부자료**

어린이들은……

- 즐겁게 산다. Have fun — They continually look for ways to enjoy everything they do.
- 묻는다. Are constantly asking questions — wanting to know "why?"
- 자주 웃는다. Laugh a lot — They find something humorous about the simplest of things.
- 긍정적이다. Are positive — They find good in everything.
- 활동적이다. Are physically active — They never stop or are distracted until something better comes along.
- 창의적이고 혁신적이다. Are creative and innovative — They use their imagination every day.
- 모든 것이 가능하다고 생각한다. Dare to dream — To them, nothing is impossible — They use their imagination every day.
- 열심히 배운다. Learn enthusiastically.
- 생각이 유연하다. Are adaptable and flexible — They are totally open to change.
- 감정을 표현한다. Express emotion — They share with others honestly and caringly.
- 오랫동안 걱정하지 않는다. Generally don't choose to worry for a long period of time — They don't brood on negativity.
- 자신과 자신의 능력을 믿는다. Believe in self and their ability to achieve.
- 피곤하면 쉰다. Rest when they are tired — They are in touch with their body.
- 일단 해 본다. (겁이 없다) Take risks — They aren't afraid to keep trying something they aren't initially good at e.g. walking as babies.
- 어린애답지 어리석은 것이 아니다. Are childlike not childish.
- 모든 일을 열정적으로 한다. Are passionate about a lot of things.

▶ 첨부자료

일 잘하는 팀의 사람들은 모두……

- 즐겁게 산다. Have fun — They continually look for ways to enjoy everything they do.
- 듣는다. Are constantly asking questions — wanting to know "why?"
- 자주 웃는다. Laugh a lot — They find something humorous about the simplest of things.
- 긍정적이다. Are positive — They find good in everything.
- 활동적이다. Are physically active — They never stop or are distracted until something better comes along.
- 창의적이고 혁신적이다. Are creative and innovative — They use their imagination every day.
- 모든 것이 가능하다고 생각한다. Dare to dream — To them, nothing is impossible — They use their imagination every day.
- 열심히 배운다. Learn enthusiastically.
- 생각이 유연하다. Are adaptable and flexible — They are totally open to change.
- 감정을 표현한다. Express emotion — They share with others honestly and caringly.
- 오랫동안 걱정하지 않는다. Generally don't choose to worry for a long period of time — They don't brood on negativity.
- 자신과 자신의 능력을 믿는다. Believe in self and their ability to achieve.
- 피곤하면 쉰다. Rest when they are tired — They are in touch with their body.
- 일단 해 본다. (겁이 없다) Take risks — They aren't afraid to keep trying something they aren't initially good at e.g. walking as babies.
- 어린애답지 어리석은 것이 아니다. Are childlike not childish.
- 모든 일을 열정적으로 한다. Are passionate about a lot of things.

> **TIP**
>
> - '어린이는 어른의 아버지'라고 합니다. 또한 성경에 '어린아이와 같지 않으면 결코 천국에 들어갈 수 없다'고 말합니다. 위의 글에서 살펴보았듯이 어린아이들의 타고난 자연적인 특성과 성공적이고 효과적인 팀의 특성이 같다고 말합니다.
> - 아이들은 세상에 태어날 때 두 가지 특성을 가지고 태어납니다.
> 하나는 두려움 없이 이 세상에 태어납니다. 즉 두려움을 모른다는 것입니다. 실패에 대한 두려움, 공포라는 것을 모르고 뭐든지 다할 수 있다는 열정적인 태도로 무서운 게 없는 아이들입니다.
> 두 번째로는 즉각적으로 반응한다는 것입니다. 말하고 싶으면 말하고, 하고 싶으면 즉시 행동합니다. 즉, 두려움도 억제도 모르고 태어난 아이들입니다.
> - 이게 무슨 의미일까요? 자연적으로 인간이 태어날 때처럼 두려움도, 억제도 없는 상황을 만들 수만 있다면 굉장한 기분이 들 거라는 뜻입니다.

뛰어난 조직, 최고의 팀, 초 일류기업은 두려움도 억제도 없다고 느낄 수 있는 환경을 만들어서 사람들로 하여금 최대의 기량을 발휘하게 만듭니다.

창의성에 불붙이기,
Creativity Capsule

개요 블루오션 전략이란 '가치를 혁신하는 일이며, 새로운 가치에 눈뜰 때에야 보이는 신천지'라고 김위찬 교수는 말합니다. 창조성에 불붙이기에서 말하는 우리 삶 속에서 창조성이란 '창조를 할 수 있는 힘이나 능력, 창의적이고 자유로운 생각의 힘, 개선을 가져오는 능력, 일상을 새롭게 보는 기술'을 말합니다. 지금 하고 있는 목표에 당신의 천재성을 끄집어내기 위한 창의성에 불을 붙이는 활동을 해봅시다.

진행 방법

브라이언 트레이시는 천재들의 4가지 특성으로 '목표에 대한 명쾌함', '100%의 집중력', '질문하기를 좋아하는 열린 마음' 그리고 '문제해결에 대한 체계적인 방법'이라고 말합니다. 참가자들에게 나의 천재성을 개발하고 창의성에 불붙이기 위해 어떤 노력을 해야 하는지를 기록해 보도록 합니다.

1 나의 창조성을 일깨우고 활기를 찾기 위해 무슨 일을 할 수 있을까요?
- 이 시점에서 내가 뭘 해야 할지, 뭘 더 발전시켜야 할지 늘 생각하고 있습니까?

- 'I Brand'가 무엇입니까?
- 내 주력 상품이 무엇인가요?(내가 지금 당장 고객에게 팔 수 있는 주력상품이 무엇인가?)
2. 명쾌하고 체계적인 집중력 그리고 열린 마음으로 나의 창조본능을 개발하기 위한 '나의 노력'과 '나만의 방법'을 기록하고 팀별로 나누어 봅시다.
- 사람들 사이에 아이디어가 있다.
- 환경이 창의성을 만든다.
- 여행을 통해 일상에서 벗어나라.
- 언제 어디서든 놀자.
- 창의성을 두 배 키우는 독서법을 활용하라.
- 예술이 머리를 풍요롭게 한다.
- 생각의 테크닉을 배워라.
- 이성 너머의 의식을 활용하라.

창의성에 불붙이기 위해 또 다른 어떤 방법들을 가지고 노력하고 있습니까?

82 피그말리온 효과

개요 피그말리온 스토리텔링을 통해 학습 참가자들이 성취하고자 하는 목표와 문제들에 대해 긍정적 기대의 법칙과 자신이 생각하는 대로 된다는 것을 알게 합니다.

진행 방법

1. 둘씩 짝을 지어 앉아 가위바위보를 하게 합니다.
2. 진 사람은 이긴 사람에게 피그말리온 효과에 대한 이야기를 들려 줍니다.
3. 설명을 들은 사람 중 자신의 파트너로부터 정확한 이야기를 전해 들은 사람을 선택하여 전체에게 피그말리온 효과에 대해 자세히 설명하게 합니다. 피그말리온 효과의 스토리는 이렇습니다.

그리스 신화에 나오는 키프러스의 왕이며 조각가이다. 그는 자기가 만든 상아상인 갈라티아를 연모하여 이 여성상을 현실의 여성으로 변하게 하고 싶다고 강렬하게 원한다. 이 모습을 보고 있던 사랑의 신 아프로디테는 피그말리온의 순수한 마음에 감동을 받아 조각상에 생명을 불어넣어 준다.

4 이처럼 '마음속으로 기대를 하고 있으면 상대방이 그 기대에 부응해 주는 현상'을 피그말리온 효과라고 부르며 스스로 또는 상대방에 대한 동기부여 기술로 활용된다. 한 마디로 '취급 받음에 따라 달라지는 심리현상'을 말합니다.

긍정적인 기대감은 삶에서 중요한 활력소입니다. 특별히 자신이 하는 일에 대한 긍정적인 자기확신과 자기기대는 무엇이든 이룰 수 있는 삶의 원동력입니다.
- 어떤 긍정적인 기대를 하고 있습니까? 반대로 어떤 부정적인 기대를 하고 있습니까?
- '말이 씨가 된다'는 말과 피그말리온 효과는 어떤 차이가 있습니까?
- 긍정적인 기대는 긍정적인 행동을 그리고 긍정적인 결과를 가져옵니다.(선순환) 부정적인 기대는 부정적인 행동을 낳고 부정적인 결과를 가져옵니다.(악순환) 우리 팀에서 그런 사례를 가지고 이야기를 나누어 봅시다.
- 해결책은 믿음-인정-칭찬에서 시작됩니다. 항상 최고를 기대하고 믿고 인정해 주세요.

83
My Action Plan
(MAP)

개요 MAP시트를 강의 처음부터 학습의 효과적인 진행과 적극적인 참여를 위해 계획된 학습도구의 하나로 활용하면 좋습니다. MAP은 이 학습과정을 내가 실천할 과제로서 나의 행동계획을 세우는 효과를 제공합니다.

목적 MAP(지도)은 강의 사이사이에 활용할 수 있는 반복학습과 학습자의 상호작용을 위한 활동으로 참가자들에게 최상의 경험을 제공하며, 성취감을 느낄 수 있게 합니다.

준비물 MAP sheet(A4용지), 필기도구,

진행 방법
1 세미나, 특강 등 어떤 강의를 진행하든 MAP을 통해 학습자들이 실천계획을 가지게 합니다.
2 강의의 클로징이나 오프닝에서 MAP을 활용하여 학습자들의 주도적 참여를 촉진합니다.

3. 강의를 듣고 깨달은 최고의 아이디어나 결단하게 만든 내용들 중에 지금 당장 삶에 적용할 내용을 기록하게 합니다. Do it Now! 또한 지금 당장 실행하기는 어렵지만 기록해 놓지 않으면 잊혀지거나 기억해 낼 수 없는 좋은 아이디어나, 내 삶에 행운을 가져다 줄 것 같은 내용들을 정리가 되지 않아도 느낌 그대로를 기록하라고 요청합니다. Serendipity!

4. 이제, 진행자는 학습자들에게 매 시간이 끝나거나 시작될 때마다 MAP 용지를 가지고 일어나서 다른 학습자들과 만나 자신에게 적용할 행동지침을 하나씩 주고받는 활동을 진행할 수 있습니다. MAP을 통해 학습자들 간에 3인 학습 효과와 자연스러운 반복학습의 효과를 이끌어내면서 학습자들 간에 전이학습효과와 촉진적인 아이스브레이크가 일어나게 할 수 있습니다.

> TIP

- MAP은 Maximum Achievement Plan으로 학습에 참가한 학습자들이 아이스브레이크 활동에 참여하면서 목표 설정을 하고 최고의 성취감을 맛보는 자부심이 올라가는 학습지도로 활용할 계획을 세우면 성공적인 학습도구가 될 수 있습니다.

- 나폴레온 힐은 Magic Action Plan이라는 말을 사용하면서 액션플랜을 세우면 신기할 정도로 일터와 삶에서 마술 같은 일이 일어난다고 이야기합니다. 목표효과라는 말처럼 학습을 통한 목표설정을 하고 실천해 나가기 시작하면 마술 같은 기적이 일어나면서 세렌디피티의 행운을 발견하게 됩니다. 문제는 강의를 듣고, 수많은 학습을 하지만 최고의 성취를 꿈꾸거나 행동지침을 가지지 않기 때문에 삶에서 아무런

일도 일어나지 않는다는 것입니다.

- 학습자들에게 MAP(My Action Plan)을 가지고 목표성취의 기술을 경험하는 액션러닝을 계획하세요.

📎 첨부자료

MAP(My Action Plan)

Do it Now 지금 당장 사용할 수 있는 것	Serendipity 행운을 가져다 줄 수 있는 것

84
일, 이, 삼, 사, 오, 육, 칠, 팔, 구, 십 사자성어 퍼즐 게임

개요 '일, 이, 삼, 사, 오, 육, 칠, 팔, 구, 십' 이 숫자들만큼 우리가 많이 사용하는 단어도 없겠지요. 학습자들에게 자신감과 용기를 북돋아 주기 위해서 클로징에 사용하면 효과적인 '사자성어 퍼즐 게임'입니다. 물론 진행자의 깊이 있는 준비로 멋진 스토리텔링과 경험담을 더한다면 더욱 멋진 아이스브레이크 게임이 될 것입니다.

준비물 PPT 자료나 첨부자료(첫 음절만 적힌 사자성어 퍼즐 용지)

진행 방법

1. 진행자는 첨부자료를 나눠 주거나 파워포인트 자료를 보여 주면서 옆에 앉은 학습 파트너와 함께 의논해서 '일, 이, 삼, 사, 오, 육, 칠, 팔, 구, 십'으로 시작하는 사자성어를 빈칸에 채워 넣으라고 요청합니다.
2. 파트너와 즉시 떠오르는 사자성어를 이야기하면서 의논을 통해 10개의 사자성어를 완성합니다.
3. 진행자는 '일'부터 시작해서 첫 음절을 외치면 학습자들은 자신들이 찾아낸 사자성어를 외칩니다. "일거양득! 이심전심! 삼삼오오! 사필귀

정! 오비이락!" 등 알고 있는 모든 사자성어를 외치며 적극적인 참여를 합니다.

4 이때 진행자가 "이 사자성어들은 아무 의미 없이 떠오른 것들이지요. 제가 여러분께 두 번째 음절까지 알려 드릴 테니 어떤 의미와 공통점을 가지고 있는지 브레인스토밍하면서 사자성어를 완성해 보십시오."라고 요청합니다.

5 일편 이란, 삼고○○. 두 번째 주어진 자료들을 보고 학습자들은 흥미와 몰입으로 퍼즐 맞추듯이 사자성어들을 찾아서 외칩니다. 일편단심, 이란○○ 삼고초려, ……, 십벌○○.

> **TIP**
>
> - 진행자는 학습자들에게 사자성어의 뜻을 학습내용과 연결시켜 스토리텔링으로 진행할 수 있습니다. 예를 들면, '삼고초려'에서 "지금까지 살아오면서 삼고초려했던 경험들을 학습 파트너와 하나씩 주고받으세요."라고 요청하면 자신이 얻고자 했던 사람이나 목표에 대한 삼고초려 경험담들이 쏟아져 나오기 시작하며 학습 분위기가 화기애애해집니다.
> - '사성결단'을 했던 경험도 좋겠지요. '칠전팔기'의 인생경험은 누구에게나 있는 공통분모입니다. '구사일생'의 경험을 통해서 지난 세월에서 현재 자신의 모습에 대한 감사함을 돌아볼 수도 있습니다.

이 한자퍼즐에서 학습자들이 머뭇거리는 사자성어가 세 가지 정도 있습니다. 이란○○, 육도○○, 십벌○○입니다. 지금 책을 읽고 계시는 독자께서는 '이란'하면 어떤 사자성어가 떠오르시나요? 어떤 학습자들은 "이란파병! 이란이락! 이란중동!"이라고 외치기도 합니다.

'이란투석(=이란격석)' 즉, 달걀로 바위를 친다는 뜻으로, 어리석고 무모한 도전, 불가능한 모험을 한두 번 해보았을 경험들을 스토리텔링으로 학습 파트너와 공유하게 하면 자연스럽게 친밀감이 형성되는 멋진 시간을 만들 수 있습니다.

'육도삼략'은 역사상 가장 유명한 전설의 낚시꾼이었던 강태공의 가르침을 담은 중국의 오래된 병서 이름이며 사자성어처럼 사용되고 있습니다. 오로지 일편단심, 이란투석, 삼고초려, 사생결단, 오매불망하며 꿈과 목표를 다스리고 움직일 수 있는 비책과 전략을 가지고 덤벼야지 대충 덤벼들어서는 원하는 것을 얻을 수 없다는 의미로 사용할 수 있습니다.

칠전팔기, 팔방미인, 구사일생, 이렇게 잘 나가다가 마지막으로 진행자가 '십벌'을 외치면 역시나 말문이 막혀 말을 못하고 조용해집니다. '십벌백계'를 이야기하는 학습자들도 나오지만 쉽게 사자성어가 완성이 되지 않습니다. 진행자는 '십벌지목'을 이야기하면서 마지막 클로징 스토리텔링을 합니다. 즉, '열 번 찍어 안 넘어가는 나무 없다'는 의미로 아무리 어려운 일이라도 끊임없이 노력하고 설득하면 결국은 이루어진다는 것이지요. 일곱 번 넘어져도 일어나고, 여덟 번 넘어진다 해도 굴하지 않고 일어나는 용기만 있다면 원하는 것을 얻을 수 있을 것입니다.

이 '사자성어 게임'을 통해서 학습자들에게 용기와 투지, 끈기, 패기, 좋은 의미로 해석해서 오기를 가지고 배짱 있게 살아갈 것을 당부한다면 멋진 마무리가 되겠지요.

'일, 이, 삼, 사, 오, 육, 칠, 팔, 구, 십' 다음에 '백'으로 시작하는 사자성어가 떠오르시나요? 아마, 금방 떠오르실 것입니다. '백절불굴' 즉, '백

번 꺾을지언정 휘어지지 않는다'는 뜻을 서기면서 어떠한 어려움에도 굽히지 않는 백절불굴의 정신과 자세를 가지고 살아간다면 천우신조(하늘이 돕고 신이 도움)의 행운아가 될 것입니다.

첨부자료

일 □ □ □
이 □ □ □
삼 □ □ □
사 □ □ □
오 □ □ □
육 □ □ □
칠 □ □ □
팔 □ □ □
구 □ □ □
십 □ □ □

85
My Dream Is ~

개요 리더들과 경영자들이 가장 많이 쓰는 키워드 중 하나가 '비전' 입니다. 우리는 정확하고 선명한 미래의 모습을 가지고 꿈을 꾸게 하는 비전 리더를 원합니다. 그러나 자신의 꿈 이야기를 하기가 쉽지 않습니다. 미래에 대한 자신의 모습에 대해 명확하고 생생한 그림을 가지고 있는 참가자들의 꿈 이야기를 공유하면서 마음을 여는 아이스브레이크 활동입니다.

목적 7~9명 정도의 참가자들을 만나는 동안 서로의 마음이 열리고, 에너지 넘치는 분위기가 만들어집니다. 자신감을 갖고 모임에 참여하면서 성취감을 느끼고, 자신이 실현하고자 하는 꿈에 대해 이야기를 나눔으로써 참가자들의 자부심을 향상시켜 내적 동기부여를 일으키게 합니다.

준비물 포스트잇, 스터디 카드, 필기도구

진행 방법

1 진행자는 참가자들에게 포스트잇이나 스터디 카드에 자신의 꿈이 무

엇인지 써 보라고 요청합니다. 참가자들에 따라 꿈을 글로 쓸 수도 있고, 자신의 꿈을 그림으로 표현할 수도 있습니다.

2 꿈을 적은 종이를 가지고 모두 일어서서 간나는 사람들과 자신의 꿈 이야기를 나누게 합니다.

TIP

- 진행자가 먼저 한 참가자에게 꿈이 뭐냐고 물어보고 그의 꿈 이야기를 들은 다음에 진행자의 꿈이 뭔지 물어봐 달라고 요청을 합니다. 그리고 참가자들에게 진행자의 꿈에 대한 이야기를 하고 난 후에 참가자들에게 "보셨죠? 지금 저희가 한 것처럼 7명 이상의 사람들을 만나서 꿈을 물어보고 또한 자신의 꿈을 이야기하는 시간을 갖도록 하겠습니다."라고 시범을 보이는 것도 학습자들을 아이스브레이크 활동에 적극적으로 참여하게 할 수 있는 방법입니다.

꿈을 이야기하면서 시작되는 강의는 참가자들의 내적 동기를 부여시켜 주며 자연스러운 아이스브레이킹과 함께 목표 성취의 기술을 배우게 합니다.

● 토의사항

- 현 참가자는 짧은 시간이지만 7명을 만나 계속 꿈 이야기를 하다 보니 마치 꿈이 이루어진 것 같은 마음이 들었다고 말합니다.
- 밝은 얼굴들과 웃음을 나누고 꿈 이야기를 하면서 무엇을 느꼈는지 서로 이야기해 보세요.

버킷 리스트

개요 시한부 삶을 선고 받고 우연히 같은 병원에 입원한 두 남자의 이야기인 영화 〈버킷 리스트(죽기 전에 꼭 하고 싶은 것들)〉를 보셨는지요? 이젠 사람들의 입에 많이 오르내리는 단어가 되어 버린, '내 인생의 버킷리스트'를 적어 보면서 지금 이 시간을 어떻게 가치 있게 쓸 것인가를 성찰하는 활동입니다.

준비물 버킷 리스트 샘플, 버킷 리스트 동영상, 버킷 리스트 용지

진행 방법

1 진행자는 참가자들에게 버킷 리스트를 가지고 있는지 묻습니다. 버킷 리스트가 무엇인지 간단한 설명과 함께 짧은 영상을 함께 볼 수 있으면 더욱 좋습니다. 버킷 리스트 샘플을 보여 주면서 '내 인생의 버킷리스트'에는 무엇을 넣어야 하는지 고민하는 시간을 갖습니다. 그러기 위해서 참가자들이 꼭 찾아야 할 것들이 있습니다. 아래 질문에 대해 생각하고 이야기를 나눕니다.
"내가 진정으로 원하는 것이 무엇인가?"

"나는 언제 행복한가?"

"내 인생의 기쁨을 찾았는가?"

"그런 내 인생이 다른 이들에게 기쁨을 가져다 주었는가?"

2 이 과정을 통해서 나온 '내 인생의 버킷 리스트'를 서로 공유하는 시간을 가집니다.

_____년, 내 인생의 버킷 리스트	
1	
2	
3	
4	
5	
6	
7	
8	
9	
10	
11	
12	
13	
14	
15	
16	
17	

4D 사이클 게임

개요 목표를 달성하고 성취감을 맛보기 위해서 필요한 것이 무엇일까요? 먼저 나의 일, 건강, 경제적인 상황, 인간관계가 달라지고 나서 목표를 이룬다는 것이 쉽지만은 않습니다. 잃어버리기에 너무 아까운 나의 꿈, 나의 목표들, 나의 자아실현을 위해서는 D로 시작하는 네 가지의 사이클이 필요합니다. 이 활동의 목적은 나를 지금보다 더 행복한 리더, 더 건강한 리더로 빠르게 변화시키기 위해 '4D 사이클 게임'에서 승리하는 방법을 배우는 것입니다.

진행 방법

1. 내 삶의 모든 영역에서 빠르고 놀라운 변화를 만들어 내는 D로 시작하는 네 가지 단어를 설명합니다.
2. **첫째**는 Desire, 욕구입니다. 욕구 없이는 성과도 없습니다. 욕구는 모든 변화의 시작입니다. 이렇게 스스로에게 물어보십시오. 내가 이 목표를, 이 꿈을 얼마나 절실히 원하는지, 아니면 전혀 원하지 않는지, 만약에 진정으로 간절히 원하고 갈망한다면 이 세상 그 무엇도 나를 막지 못할 것입니다.

3. 둘째는 Decision, 결심입니다. 즉, 그 목표가 내가 간절히 원하는 것이라면 그걸 얻기 위해 대가를 지불하겠다는 확고한 결정을 내리는 것입니다. 나의 성공을 위해서 필요하다면 무엇이든지 100%의 희생과 고생을 기꺼이 하겠다는 헌신의 태도를 말합니다.

4. 셋째는 Determination, 결단을 내리는 것입니다. 결단은 결심+단절을 의미합니다. 즉, 강철 같은 의지로 내가 원하는 것을 철저한 계획을 세워 밀고 나가는 것을 말합니다.

5. 마지막으로 Discipline, 규율입니다. 이 세상의 모든 것이 목표를 향해 나를 움직이게 하거나, 목표로부터 나를 멀어지게 하는 것이지 중간이란 없습니다. 지금 내가 하는 모든 계획들과 행동들이 나로 하여금 목표를 향해 앞으로 나아가게 하는가? 아니면 목표로부터 나를 더 멀어지게 하는가? 그 일이 싫든 좋든 내가 해야만 하는 게 무엇인지 알고 규율을 지키는 것이야말로 성공하려는 사람에게는 아주 중요한 것입니다.

6. 왜 인생에서 실패할까요? 사람들이 살면서 실패하는 이유는 필요한 게 무엇이든 그걸 기꺼이 하지 않았기 때문입니다. 목표를 달성하고 성취감을 맛보게 하는 성공 시스템 4D 사이클에 맞추어 버킷 리스트와 나의 꿈을 실현시켜 봅시다.

바바 게임

개요   우리는 프로 운동 선수나 최고의 세일즈맨들이 멘탈 트레이닝을 통해 최고의 성과를 낸다는 것을 알고 있습니다. NLP의 정수라 할 수 있는 '바바 게임VAVA game'은 우리의 꿈과 목표를 빠르게 성취하는 방법을 경험하게 하는 아이스브레이크입니다. '바바 게임' 형식의 시스템을 가지고 중요한 행사나 프레젠테이션을 성공적으로 만들 수 있고, 나의 삶의 한 부분을 개선하기 위해 활용할 수 있습니다.

목적   훌륭한 스포츠 선수인 것처럼, 최고의 판매 성과를 올린 세일즈맨처럼, 최상의 경험을 공유하는 코치나 강사처럼, 임원인 것처럼, 내가 되기를 원하는 사람이나 목표를 V.A.V.A 형식의 이야기로 만들어 보고 자신과의 게임에서 먼저 승리하는 것을 경험합니다.

준비물   VAVA game을 설명할 수 있는 이미지와 텍스트

진행 방법
1 진행자는 먼저 VAVA에 대한 정확한 설명을 참가자들과 공유합니다.

- Visualize ~을 생생하게 마음에 그리다 ········· 시각화
- Affirm ~을 확신을 가지고 주장하다 ········· 긍정문
- Verbalize ~을 말로 표현하다 ········· 언어화
- Assume the role ~역할인 척하다 ········· 역할 맡기

2 진행자는 이 VAVA 형식의 스토리텔링을 잘 준비하여 자기만의 '바바 게임'을 만들게 합니다. 예를 들면, 여기 중국, 한국, 일본에서 자생하는 모죽이라는 대나무가 있습니다. 이 대나무는 주변 환경이 아무리 좋아도 심은 지 5년이 지나도 전혀 자라지 않습니다. 그렇게 5년의 준비기간을 보내고 난 뒤에는 갑자기 하루에 60~70cm씩 쑥쑥 자랍니다. 6주 동안 하루도 쉬지 않고 자라서 나중엔 그 키가 무려 30~40m에 이르게 됩니다. 질문하나 할까요? 이 대나무는 5년 동안 자란 것입니까? 6주 사이에 자란 것입니까?

3 5년 동안 매순간 꾸준히 영양분을 주지 않았다면 결코 끝에 와서 이렇게 자라지는 않았을 것입니다. 이 '바바 게임'을 내 잠재의식이 현실로 받아들일 때까지 반복적으로 내 목표를 가시화시켜 그림을 그리고 그 목표를 긍정문으로 만들어 매일 아침 저녁으로 크게 소리 내어 언어화시키면서 이미 그 사람이 된 것처럼 역할을 반복하는 겁니다.

4 한두 번 해보고 안 된다고 하지 말고, 집이나 직장에서 또는 학교에서 내가 원하는 이미지가 바로 나인 것처럼 생각하고, 말하고, 행동하며, 확신하면 바로 내가 그 사람이 되는 겁니다.

5 잘해 나가다가 "난 안 돼, 난 못해, 나한테 그런 좋은 일이 생길 리가 없어, 살 못 빼, 담배 못 끊어, 하고는 싶지만······."이라고 말하며 우리 마음속에 불쑥불쑥 올라오는 마음속 훼방꾼에게 지지 않도록 항상 긍정적으로 이야기하는 습관을 가져야 합니다.

IcebreaK
Knowledge

▼
▲

지식과 정보를 주는 아이스브레이킹으로 소통하라

1990년대 초반에 각 기업들이 교육을 진행할 때, 아이스브레이크는 상호이해의 증진을 목적으로 시작되었습니다. 즉, 진행자가 혼자서 모든 것을 끌어가는 것이 아니라, 진행자와 참가자, 그리고 참가자와 참가자 사이에도 어떠한 작용이 일어나야 한다는 것입니다. 각 개개인에게 즐거움과 만족감을 주는 것도 중요하겠지만, 참가자들 사이에 의사소통과 감정의 교류가 일어나는 것이 더욱 중요하기 때문입니다.

지금 우리의 학습 문화와 개개인의 환경은 자신이 속한 모임에서 다른 사람들을 알아 가는 데 적극적으로 다가서고 정직하게 자기를 표현하는 용기가 필요한 시대입니다. 강의나 모임의 주요 내용을 시작하기 전에 내가 누구인지, 함께하는 사람들이 어떤 사람들인지, 그리고 무엇을 위해 모였는지? 이런 것들을 자연스럽게 알아 가며 상호교류하는 것이 아이스브레이크에서 중요한 목표가 되었습니다.

89
Back to the Basic, 필살기보다 기본기 게임

개요   리더십과 코칭에서 말하는 핵심가치와 기본 덕목들을 두 음절로 된 단어들을 중심으로 살펴보며 참가자들에게 지식과 정보를 주며 소통할 수 있는 은익한 아이스브레이크 활동입니다.

준비물   두 음절로 된 기본 덕목 단어들, PPT 자료, 이미지 자료

진행 방법

1. 참가자들에게 다음에 나오는 단어들의 공통점이 무엇인지 질문합니다.
   관심, 경청, 배려, 성품, 용기, 몰입, 태도, 인사, 성찰, 인내, 멘토, 행복, 용서, 겸손, 끈기, 배움, 열정, 핑계, 소통, 친구, 칭찬, 인정, 지혜, 성공, 응원, 초심, 질문, 진심, 정성, 항해, 전략, 평판, 친절, 인맥, 매력, 나눔, 존중, 신뢰, 비전, 인연, 리더, 체크, 반성, 위로, 목적, 준비, 생각, 진실, 인기, 인내, 지리, 직감, 고해……

2. 학습 참가자들은 이 질문에 완성충동이 발동되어 공통점을 이야기하기 시작합니다. "좋은 말들이요, 긍정적인 말이네요, 두 글자요." 등의

이런저런 참가자들의 이야기가 나오기 시작합니다. 네, 맞습니다. 그런데 이 단어들은 '책 제목'이라는 공통점도 있습니다. 모두 두 음절로 된 책 제목입니다. (책 표지 이미지를 파워포인트로 보여 줍니다.) 이 책 제목들은 모두 리더십과 코칭에서 기본이 되는 핵심가치들입니다.

진행자는 학습자들에 따라 이 두 음절 단어들을 가지고 간단한 아이스브레이크를 할 수 있습니다.
"지금 하는 일에 초심이 있습니까?"
이 질문에 많은 학습자들이 바로 대답하지 못하고 머뭇거립니다.
"그럼 뒷심은 있습니까?"
"옆에 앉아 있는 파트너와 응원 한마디씩 주고받으시지요!"
'성격'보다 한 단계의 격이 높은 단어를 '성품'이라고 할 수 있겠지요. 그렇다면 한 단계 아래의 단어는 무엇인가요? 네, '성질'이라고 하지요. 그럼, 한 단계 더 아래의 단어는 무엇입니까? 네, '성깔' 맞습니다. 그럼 마지막입니다. '성깔'보다 한 단계 아래 단어는 무엇입니까?
여기서 참가자들이 많은 단어들을 이야기합니다. 자연스럽게 참여하면서 아이스브레이크가 일어나는 것이지요. 네, 맞습니다. 바로 '싸가지'입니다.
'인연'을 거꾸로 읽으면 '연인'이 되어 '좋은 인연은 아주 오랫동안 사랑의 관계'로 이어지고, '태도'가 바르지 않으면 '도태'되고 맙니다.
두 음절로 된 단어들을 이리저리 뜯어 보면 재미있는 아이스브레이크 거리가 만들어집니다.

마인드 스토밍,
20가지 아이디어 게임

개요 '마인드 스토밍 게임'은 강의시작 전에 진행하는 게 가장 좋고 강의가 끝날 때 마무리 기법으로 사용해도 좋습니다. '마인드 스토밍 기법'은 아주 간단한 방식으로, 오랫동안 잘 알려진 기법입니다. 혼자서 할 수도 있고, 여럿이 함께할 수도 있는 장점이 있습니다. 이 방법으로 많은 사람들이 부자도 되고 성공을 거둔 창의적 기술입니다. 필자도 '마인드 스토밍 기법'을 자주 사용하는데, 아무리 어려운 상황이나 복잡한 문제도 해결책이 얼마나 빨리 나오는지 정말 놀라울 뿐입니다. 마인드 스토밍은 종종 '20가지 아이디어 모으기 게임'이라고도 합니다.

준비물 A4용지 한 장, 연필, 그리고 철저한 자기통제

진행 방법
1 진행자는 학습자들에게 마인드 스토밍에 대한 개요와 효과를 설명하면서 시작합니다.
2 그런데 왜 사람들이 놀랍고도 뛰어난 이 기법을 사용하지 않느냐고 질문합니다. 마인드 스토밍이 뭔지 모르니까? 이걸 쓸 만큼 자기 통제력

이 없어서? 하지만 여러분들이 이 방법을 체계적으로 이용하면, 처음 써 보는 순간, 그 결과에 놀라게 될 것입니다.

3. 자, 이렇게 하면 됩니다. 종이를 한 장 놓고, (아침에 일을 시작하기 전에 하는 게 가장 좋습니다.) 그 종이 맨 위에 자기의 주요 목표나 목적을 의문문의 형태로 씁니다. 예를 들어, 내 목표가 앞으로 1년 안에 내 연봉을 오천만 원에서 팔천만 원으로 늘리는 거라면, 종이 맨 위쪽에 "앞으로 1년 안에 팔천만 원을 벌려면 어떻게 해야 할까?"라고 쓰고 20가지 아이디어를 모으기 위한 자신과의 게임을 시작하는 겁니다. 아니면, 시간 관리에 관한 것도 좋습니다. "매일 2시간을 더 생산적인 일에 쓰려면 어떻게 해야 하나?" 건강에 관한 거라면, "적정 체중이 될 때까지 한 달에 3킬로씩 줄이려면 어떻게 해야 할까?" 자기개발을 위한 독서에 관한 것이라면, "매일 책 한 권을 읽으려면 어떻게 해야 하나?"

4. 다음은 어떻게든 질문에 맞는 20가지 답을 적기 시작합니다. 반드시 20개를 채워야 합니다. 1번에서 3번, 5번까지는 아주 쉽습니다. 다음 6번에서 10번까지는 좀 힘들 것입니다. 마지막 10개는 정말 식은 땀을 흘려야만 채워질 것입니다. 그동안 이런 식의 사고를 하는 데 우리의 뇌를 정기적으로 사용하지 않았기 때문입니다. 마치 웨이트 트레이닝을 처음 시작하면 팔을 당기는 것조차도 힘들 정도로 근육이 말을 안 듣지만, 일주일, 한 달, 세 달 정도 계속 하다 보면 장시간 운동해도 괜찮은 것처럼, 이 마인드 스토밍 기법이 여러분의 문제를 창의적으로 해결해 주는 열쇠가 될 것입니다.

5. 자, 맨 위의 질문에 20가지 답을 다 적었으면, 그중에 하나를 골라, 지금 즉시 실행하는 겁니다.

어렵지 않죠? 이대로만 하면 이 마인드 스토밍의 효과가 얼마나 큰지 놀랄 것입니다.

이 책을 읽고 있는 여러분의 모임과 강의 중에 지금 당장 이 방법을 써보기를 강력하게 권합니다. 어떤 목표나 문제, 어려움을 하나 선택해서 의문문의 형태로 적고 한번만 해보십시오. 그 효과에 깜짝 놀라게 될 것입니다.

펜 끝에 적혀 나오는 답을 보면서 "내 머릿속에 이런 아이디어가 있었다니!" 하며 믿어지지 않아 기절할지도 모릅니다.

"일찍 자고 일찍 일어나려면 어떻게 해야 하나?"

지금 해결하고 싶거나, 꼭 성취하고 싶은 목표가 있다면 위의 안내를 따라 진행해 보세요.

📎 첨부자료

나의 목표: 1년에 책 100권 읽기

목표달성을 위한 질문, "향후 1주일에 책 2권을 읽기 위해 할 수 있는 것은 무엇인가?" 이 질문에 대한 20가지 대답을 기록합니다.

1. _____
2. _____
3. _____
4. _____
5. _____
6. _____
7. _____
8. _____
9. _____
10. _____
11. _____
12. _____
13. _____
14. _____
15. _____
16. _____
17. _____
18. _____
19. _____
20. _____

지금 내가 선택할 수 있는 아이디어 20개가 있습니다. 이 중에서 지금 당장 실행할 수 있는 최고의 아이디어 하나를 선택하여 실천합니다.

쉬어 갑시다, 단어퍼즐 게임

개요   제목 그대로 잠시 머리를 쉬면서 학습 파트너와 함께 네 음절 단어 찾기 게임을 진행하면서 아이스브레이크하는 시간입니다. 학습내용과 관련 있는 단어를 구성하여 진행하여도 효과적인 시간이 될 수 있습니다.

목적   강의 내용 전체를 피드백하거나 복습하면서 가장 중요한 키워드들을 중심으로 퍼즐 게임을 구성하여 학습내용과 관련된 아이스브레이크를 할 수 있습니다.

준비물   첨부자료

진행 방법
1. 학습자들에게 배부된 첨부자료를 보면서 파트너와 함께 네 음절로 이루어진 단어를 7개 찾으라고 요청합니다. 단, 한 번 사용했던 글자는 다시 사용할 수 없습니다.
2. 파워포인트 자료를 통해 화면을 보면서 팀별로 네 음절로 이루어진 단

어들을 찾을 수 있습니다.

📎 **첨부자료**

암	잠	의	자	성	용	발
성	사	도	사	러	념	시
개	힘	재	의	가	력	목
프	의	정	설	리	서	냉
로	지	의	전	랑	다	격
힘	식	개	능	격	취	편

① _____ ② _____ ③ _____ ④ _____
⑤ _____ ⑥ _____ ⑦ _____

정답 쉬어 갑시다 단어퍼즐 게임

도움닫기, 시리얼넘버, 공감대, 프로의식, 문화유산, 구사시험, 독자성

가치 명료화 게임
1

개요 가치 명료화 게임의 중요성은 개인이 가지고 있는 가치관이 그의 생각, 행동, 습관, 성품에 영향을 미친다는 것입니다. 가치 명료화 게임은 자신의 생각과 행동을 유발하는 자신의 핵심가치가 무엇인지 명확하게 이해하게 하는 아이스브레이크 활동입니다.

목적 나의 삶과 인생을 움직이는 가치관을 찾습니다.

준비물 대기업, 중소기업, 외국인기업, 공공기관 및 교육기관들의 홈페이지에서 찾을 수 있는 그 조직들을 움직이는 핵심가치들을 모은 가치 목록을 카드로 만들어 게임을 진행할 수 있습니다.

진행 방법

1 진행자는 〈가치 목록〉을 보여 주거나 나누어 주기 전에 벤자민 프랭클린의 13가지 생활 덕목에 대한 스토리텔링으로 시작합니다.
"피뢰침을 발견한 벤자민 프랭클린은 독실한 청교도 가정에서 태어났다. 그는 학교라고는 고작 1년밖에 다니지 않았다. 그러나 누구보다

해박한 지식을 갖고 있었다. 그는 독서를 통해서 많은 정보를 얻었다. 그에게는 두 사람의 훌륭한 스승이 있었는데 그 스승은 어머니와 담임목사였다. 어머니는 자녀에게 매일 잠언 22장 29절을 들려주었다. "자기 일에 능숙한 사람을 네가 보았을 것이다. 그런 사람은 왕을 섬길 것이요, 대수롭지 않은 사람을 섬기지는 않을 것이다."

프랭클린에게 삶의 원리를 가르쳐 준 또 한 사람의 스승은 마트 목사였다. 프랭클린은 소년시절부터 마트 목사가 가르쳐 준 13가지 생활 덕목을 가슴에 간직하고 있었다. 그것은 절제, 침묵, 질서, 결단, 절약, 근면, 진실, 정의, 중용, 청결, 침착, 순결, 검손이다.

프랭클린이 성공적인 인생을 살게 된 비결은 '13가지 생활 덕목'과 청교도 교육을 삶에 적용했기 때문이다. 우리 주변에 스승은 많다. 다만 사람들이 그 가르침을 따르지 않을 뿐이다." (〈국민일보〉에서 인용)

2 현대인들의 시간관리 도구인 프랭클린 플래너의 원조가 벤자민 프랭클린의 이 '13가지 생활덕목'에서 시작되었습니다. 당신은 어떤 생활 덕목과 기본원칙을 가지고 있습니까? 아래 열거된 13가지의 목록을 오늘을 살아가는 내 인생의 다이어트 체크리스트로 활용해 봅시다.

지금 당장 나의 삶에 적용해 보아도 좋을 만큼 살아 있는 가치 덕목들로 충분합니다.

벤자민 프랭클린의 13가지 생활 덕목

1 절제TEMPERANCE: 심신이 둔해질 때까지 먹지 말라. 취할 때까지 마시지 말라.

2 침묵SILENCE: 자기와 남에게 무익한 말을 하지 말라. 말을 함부로 하

지 말라.

3 규율 ORDER: 모든 물건은 일정한 장소에 두고, 모든 일을 규칙적으로 하라.

4 결단 RESOLUTION: 하고자 하는 일에 과감하라. 일단 결심한 일은 꼭 실천하라.

5 검소 FRUGALITY: 자기나 남에게 무익한 일이 돈을 쓰지 말라.

6 근면 INDUSTRY: 시간을 낭비하지 말라. 항상 유익한 일을 행하고 무익한 일을 삼가라.

7 성실 SINCERITY: 거짓으로 남에게 해를 끼치지 말라. 어지러운 마음을 버리고, 공정히 생각하고, 그 생각을 표현하라.

8 정의 JUSTICE: 해로운 일로 남을 해치지 말라. 해야 할 의무를 게을리함으로써 남에게 해를 끼치지 말라.

9 중용 MODERATION: 무슨 일이건 극단을 피하라. 당연히 분격해야 할 일이거나 또 해를 입더라도 참아라.

10 청결 CLEANLINESS: 신체나 의복, 주거의 불결은 참지 말라.

11 평정 TRANQUILLITY: 사소한 일, 또는 피할 수 없는 일이 일어났을 때, 마음의 평정을 잃어서는 안 된다.

12 금욕 CHASTITY: 성에 탐닉함으로써 신체를 허약하게 하거나, 자기와 남의 평정이나 평판을 해치는 일이 없도록 유념하라.

13 겸손 HUMILITY: 예수와 소크라테스를 본받으라.

달러 지폐 1, 5, 10, 20, 50, 100달러의 인물 맞추기 게임을 하면서 다시 한번 100달러 지폐의 벤자민 프랭클린의 영향력에 대해 생각해 보게 합니다.

93
가치 명료화 게임 2

준비물 첨부자료, 또는 가치 목록이 적힌 PPT 자료

진행 방법

1 아래의 가치 목록들을 파워포인트로 보여 주거나 A4용지에 인쇄하여 나누어 줄 수 있습니다.

정도경영, 자유, 명예, 권위, 지위, 고객만족, 건강, 돈(부유함), 인재존중, 마음의 평화, 모험심, 변화선도, 상생추구, 소통과 협력, 글로벌 지향, 고객 최우선, 혁신을 통한 창조, 즐거움, 정직, 용기, 가정(가족), 리더십, 책임감, 존경, 긍정적 태도, 감사, 인내, 끈기, 아름다움, 겸손함, 공정성Fairness, 프로정신, 진실성Integrity, 우정, 인간관계, 균형, 좋아하는 일, 유능함, 조화, 신앙, 공동체, 성장, 독립성, 완벽, 자율존중, 인정, 품질, 신속성, 열정, 변화, 안정, 단순성, 봉사, 지식, 지혜, 팀워크, 신뢰, 역량, 성취, 혁신, 다양성, 학습, (안전한 인터넷 세상에서 누리는) 자유, 지속가능경영, 공평, 도전적 실행, 안전과 성장, 행복, (   ), (   ), (   )······

2 진행자는 제시된 가치 목록들 중 자신에게 가장 중요하다고 생각하는

10개의 가치 목록을 작성하도록 요청합니다. 만약에 10개의 가치목록을 만드는 데 자신이 소중하다고 생각하는 단어들이 없을 때에는 괄호 안에 자신이 직접 써넣을 수 있음을 알려 줍니다.

3 이제 10개의 가치 목록 작성이 완료된 참가자들과 함께 가치 명료화 게임을 시작합니다.

4 먼저, 10개의 가치 목록에서 1개를 지우고 9개를 남기라고 하면 10개 중에 무엇을 지우겠냐는 질문에 참가자들은 10개의 우선순위를 매기면서 버려야 할 1개를 선택하기 시작합니다. 이렇게 하나씩 지워 가면서 3개의 가치 목록이 남을 때까지 게임을 진행합니다.

5 3개의 가치 목록을 가지게 된 참가자들에게 이 3개의 가치를 선택하게 된 상황이나 이유가 무엇인지를 가치 목록 옆에 기록해 보라고 요청합니다.

6 이제, 참가자들은 자신이 선택한 가치 목록을 팀 동료들에게 발표하며 마무리를 합니다.

핵심가치 \ 상황, 이유	핵심가치를 선택한 상황이나 이유

94
ABCD 법칙
인생 게임

개요 당신의 ABC(기본 원칙)는 무엇입니까? 이런 말이 있습니다. "Any Boy Can! 어떤 소년이라도 할 수 있다!", "ABC 영웅을 원한다." 라는 신문기사에서 前 대한민국 축구국가대표팀 감독이었던 딕 아드보카트 감독은 한국을 대표하는 선수들을 선발할 때의 기본 원칙 ABC를 Ability(능력), Brain(두뇌), 그리고 Cooperation(협력)이라고 답합니다. 당신의 브랜드Brand와 성공 시스템Success System을 위한 ABC의 기본은 무엇입니까?

목적 ABC에 D를 추가하여 지금 당장 생각나는 ABCD(기본 중의 기본)는 어떤 것들이 있는지 함께 브레인스토밍하면서 지식과 정보를 공유합니다.

진행 방법

1 참가자들과 가벼운 아이스브레이크 활동으로 "당신은 얼마나 많은 사람, 팀 조직과 연락을 하고 관계되어 있습니까?"라는 질문을 하며, 자신이 기본 원칙으로 가지고 있는 ABC를 말해 보도록 요청합니다.

2 참가자들은 Ace, Attitude, Action, Believe, Body language, Best, Connect, Communication, Change 등을 말하며 마음을 열기 시작합니다.

인생등급 ABCD를 생각해봅시다.

D등급의 특징은 경제적 자유를 꿈꾸나 마지못해 할 수 없이 일합니다.

C등급의 특징은 시키는 것만 꼬박꼬박 일하는 답답형입니다. 그러나 자기 혼자 성실하다고 생각하면서 항상 불평합니다.

B등급의 특징은 헤아려 일합니다. 주변사람들과 상사로부터 많은 사랑을 받습니다.

A등급의 특징은 모든 걸 알아서 합니다. 시키기 전에 대안을 제시하며, 상사가 미처 생각하지 못한 부분까지 챙기며 CEO 마인드를 가지고 새로운 가치를 창출합니다.

가치와 환경의 변화경영시대에 Auto-mobile적인 A등급으로 인생을 살라고 말합니다.

은퇴준비를 위한, ABCD법칙이 있습니다. (우재룡 소장)

은퇴 후, 어떤 삶을 살고 싶으신가요? 은퇴 후 40년의 인생은 사랑하며 나누는 삶을 살기 위한 기본 조건으로 ABCD법칙이 필요하다고 말합니다.

- Appreciate 감사하는 마음으로 준비하라
- Balance 균형 있게 준비하라
- Couple 부부가 함께 준비하라

- Detail 구체적으로 준비하라

진실한 자신의 모습을 찾아 A등급 인생을 살 수 있는 기회를 만드는 활동이 될 수 있습니다.

인생 게임의 ABCD법칙도 있습니다.

인간은 B로 시작해서 D로 끝난다고 하지요. 그런데 B와 D 사이에는 C가 있습니다. C가 뭔가요? 네, 맞습니다. 인간은 태어나서 죽을 때까지 선택의 연속입니다. 그런데 이 순간순간의 선택을 최상의 선택이 될 수 있게 하는 A가 무엇입니까?

행동Action, 성취Achievement …….

인생은 마음먹기Attitude에 따라 달라집니다.

95

기러기의 리더십,
Team Leadership

개요 떼를 지어 날아가는 기러기의 팀 리더십을 통해 리더십의 핵심 역량을 배웁니다. 멀리 가려면 함께 가야 한다는 기러기의 지혜와 솔선수범으로 행동하는 리더십, 서로에 대한 관심과 배려를 생각해 보는 활동입니다.

진행 방법

1 두 사람씩 마주 앉아 가위바위보를 합니다.
2 가위바위보에서 이긴 사람은 진 사람에게 아래 주어진 영어 문장과 그림을 보고 기러기의 리더십에 대해 설명해 달라고 요청합니다. (1분)
3 첨부된 기러기의 리더십에 대한 자세한 해설을 읽고 팀별로 기러기의 리더십에서 배울 수 있는 팀 리더십의 핵심 요소들을 찾아 플립차트에 기록해 봅니다. 브레인스토밍으로 팀원들이 발견한 팀 리더십의 요소들을 돌아가면서 발표합니다.

When geese fly in formation,
they travel 70% faster than when they fly alone.

Geese share leadership.

When the lead goose tires, he(or she) rotates back into the "V" and another flies forward to become the leader. Geese keep company with the fallen.

When a sick or weak goose drops out of the flight formation, at least one other goose joins to help and protect.

정답 기러기의 리더십 Team Leadership

기러기들은 서로 날갯짓을 돕는다.
돈자 날 때보다 70% 이상 더 빠르고 더 난다.

기러기들은 울음소리를 낸다.
리더기차가 "V"자 대형으로 등행하고
그때 다른 기러기가 리더 역할을 맡아 나선다.
기러기들은 앞장선 자가 피곤하면 뒤로 물러나며 동행한다.

아프거나 약한 기러기 대오로부터 이탈하면,
최소 한 마리 이상의 동료가 그를 돕기 위해 돕는다.

96
SWOT 2×2 매트릭스 게임

개요   SWOT은 Strength(강점), Weakness(약점), Opportunities(기회), Threats(위협)의 합성어입니다. 'SWOT 매트릭스 게임'이란, SWOT을 이용하여 개인과 조직, 팀의 상황을 분석하고 최고의 기회와 최상의 강점에 집중하는, '승리하는 게임'을 만들어 가는 것입니다.

진행 방법

1. SWOT 분석으로 개인의 강점과 약점을 파악하여 최고의 전략을 수립할 수 있습니다.
2. 'SWOT 매트릭스 게임'으로 개인과 팀에게 어떤 기회와 위협이 다가오는지 분석합니다.
3. 당신과 팀에는 어떤 강점이 있습니까?
4. 개인과 조직이 가지고 있는 약점은 무엇입니까?
5. 어떤 기회들이 눈에 보이고 또 다가오고 있습니까?
6. 어떤 장애물과 위협들이 존재합니까?
7. 첨부자료의 SWOT 매트릭스에 기록한 후 팀별로 혹은 전체가 발표해 봅시다

	Strength 강점	Weakness 약점
Opportunities 기회	SO 전략 (집중할 것)	WO 전략
Threats 위협	ST 전략	WT 전략

기회 혹은 강점이 없다고 실망하는 자는 미래를 개척하지 못하는 자입니다.

첨부된 자료에 향후 10년 동안 강사로서 SWOT 분석을 해봅시다. 스마트시대 인터넷이 강사인 나에게 강점인지, 약점인지, 기회인지, 위기인지 분석해 보면 새로운 전략을 세울 수 있는 좋은 기회가 됩니다.

SO 전략 (집중할 것)	WO 전략
ST 전략	WT 전략

97
가르치는 사람들의 5가지 사랑의 언어

개요 개리 채프먼의 《5가지 사랑의 언어》라는 책을 통해서 가르치는 사람들이 5가지 사랑의 언어로 만들어 가는 지식과 정보를 주는 아이스 브레이크 활동입니다.

목적 개리 채프먼은 "사람들은 서로 다른 사랑의 언어를 구사한다."라고 말합니다. 우리는 같은 사랑을 표현하는 데 서로 다른 사랑의 언어로 표현한다는 것이지요. 남자와 여자가 표현하는 사랑의 언어가 다른 것처럼 파트너와 함께 대화하며 소통하는 시간을 만듭니다.

준비물 《5가지 사랑의 언어》표지 이미지, 5가지 목록이 적힌 PPT 자료

진행 방법
1. 진행자는 책 이미지를 보여 주며 개리 채프먼이 말하는 5가지 사랑의 언어가 무엇인지 서로 이야기해 보라고 요청합니다. 서로 간단한 대화가 오간 후 가위바위보를 하게 합니다.
2. 다음 〈5가지 사랑의 언어〉를 보여 주며 이긴 사람이 진 사람에게 5가

지 사랑의 언어가 무엇인지 해석해서 설명해 주라고 말합니다.

첨부자료
- Words of Affirmation
- Receiving Gifts
- Act of Service
- Quality Time
- Physical Touch

첫 번째 사랑의 언어는 인정하는 말입니다. 상대방의 가치와 능력을 신뢰하며 정중하고 부드러운 말로 칭찬하는 것도 사랑의 언어입니다. 인정하는 말이 제1의 사랑의 언어인 사람에게는 항상 긍정적으로 그 사람을 격려해 주는 것이 가장 큰 사랑입니다.

두 번째 사랑의 언어는 선물입니다. 왜 선물이 사랑의 언어인지 생각을 공유해 봅시다. 선물 자체는 눈으로 볼 수 있는 사랑의 상징이고 가격은 그리 중요하지 않습니다. 선물이 제1의 사랑의 언어인 사람에게는 작더라도 꾸준하게 선물을 함으로써 마음을 보여 주는 것이 좋습니다. 중요한 것은 상대방을 생각하고 있다는 것을 보여 주는 것입니다.

세 번째 사랑의 언어는 봉사입니다. 봉사란 그 사람을 도와줌으로써 기쁘게 하고, 그를 위해 무엇인가를 함으로써 사랑을 표현하는 것입니다. 봉사가 제1의 사랑의 언어인 사람에게는 그가 무엇을 원하고 무엇을 힘들어하는지 관심을 갖고 그것들을 도우려고 노력해야 합니다. 상대방의 결핍된 부분을 채워 주는 것도 사랑의 언어이니까요.

네 번째 사랑의 언어는 함께하는 시간입니다. 사랑하면 함께하고 싶어 합니다. 꼭 무엇을 함께하느냐는 그리 중요하지 않습니다. 중요한 것은 서로가 서로에게 집중하고 관심을 기울이는 시간을 함께한다는 것이지요. 그래서 서로의 말을 들어주고 관심을 가지는 진정한 대화도 함께하는 시간이 되는 것입니다. 함께하는 시간이 제1의 사랑의 언어인 사람과는 많은 시간과 활동을 함께하며 그에게 감정적인 관심을 가져 주는 것이 필요합니다.

다섯 번째 사랑의 언어는 신체적 접촉입니다. 백 마디의 말보다 스킨십이 더 많은 사랑을 전달할 수 있습니다. 신체적 접촉이 제1의 사랑의 언어인 사람에게는 행동 하나하나에 사랑을 담아 표현하는 것이 중요합니다.

진행자는 이 5가지 중에 가장 실행하기 어려운 사랑의 언어 한 가지씩을 서로 주고받도록 요청합니다. 5가지 사랑의 언어 중에 유독 잘 표현이 안 되는 것이 있습니다.

> **TIP**

- 5가지 사랑의 언어 중에 남자가 가장 원하는 것이 무엇이라고 생각하십니까? 네 맞습니다. 바로 인정하는 말입니다. 그럼 남자가 가장 못하는 사랑의 언어는 무엇인가요? 함께하는 시간을 가장 못한다고 합니다. 반대로 5가지 사랑의 언어 중에 여자가 가장 못하는 것이 무엇인지 아십니까? 바로 인정하는 말입니다. 그리고 여자가 가장 원하는 사랑의 언어는 함께하는 시간입니다. 이렇게 남자와 여자가 표현하고 원하는 사랑의 언어가 다릅니다.
- 강사나 교사들이 강의실에서 학습자들에게 표현해야 하는 5가지 사랑의 언어도 똑같습니다.

- 인정하는 말을 많이 하면서 학습자에게 자부심을 불어넣어 주십시오.
- 마음의 선물인 배려와 관심만큼 학습자의 마음을 열게 하는 것도 없습니다.
- 학습자를 위한 봉사와 서번트 리더십은 최고의 영향력으로 나타납니다.
- 강의와 수업시간 외에 함께하는 시간으로 학습자를 향한 관심을 표현하십시오.
- 허그와 하이파이브 같은 자연스러운 스킨십으로 활력을 불어넣어 주십시오.

일회용 종이컵

개요 쉽게 무심코 사용하는 1회용 종이컵의 용도를 생각하면서 평범한 생각 이상의 아이디어와 삶의 재치를 통하여 개인과 팀의 중요성을 이해시키고 팀의 시너지 효과를 알도록 하는 브레인스토밍 활동입니다.

인원 10명 이내의 팀~소그룹

시간 5~9분

준비물 종이컵, 필기도구, 플립차트

진행 방법

1. 각 팀에게 종이컵을 보여 주고 '종이컵의 활용 방법'에 대해 가급적 많이 리스트업list-up 해야 한다고 설명합니다. (예를 들면, 차를 마신다, 꽃을 심는다 등)
2. 먼저 개인적으로 리스트업하게 합니다. (1인 10개 이상 기록하도록 요청합

니다.)

3 개인적으로 가장 많이 리스트업한 사람에게 인정하는 말과 격려의 박수를 보냅니다.
4 팀원 모두가 리스트업한 내용을 취합하여 가장 많이 기록한 팀에게 소정의 준비된 기념품이나 선물을 줍니다.
5 모두에게 소개해도 좋은 개인의 새로운 아이디어와 팀워크에 의한 좋은 방법들을 토의하며, 우리 가운데 쏟아져 나온 시너지의 중요성을 일깨워 줍니다.
6 이 프로그램을 통해 리스트업한 전체의 아이디어 목록을 겹치지 않은 내용들로 모아 봅니다. 그리고 전체의 개수를 평균을 내고 개인이 수행한 결과와 팀의 수행 결과의 차이에 대해 토론하게 합니다.

TIP

- 각 팀별로 리스트업한 것을 플립차트에 기록하여 전체가 볼 수 있도록 하던 효과적입니다.

● 토의사항
- 각 개인과 팀의 아이디어에 대하여 어떻게 생각하는가?
- 개인 활동의 결과와 팀 활동 결과는 어떤 차이가 있는가?
- 팀의 시너지를 상승시키려면 어떻게 해야 하는가?

켄 블랜차드의 모두를 영웅으로 만드는 마법의 팀워크 《하이파이브》에는 팀의 일원으로 함께 일하는 즐거움에 대해서 다음과 같이 말합니다. "우리 모두를 합친 것보다 현명한 사람은 아무도 없다."

감정계좌 게임
S-T-C!

개요　모든 인간관계는 신뢰 게임으로 예입과 지출이 결정됩니다. 신뢰를 구축하거나 회복해 나가는 것은 예입이고, 신뢰를 잃거나 깨뜨리는 것은 인출이 되는 것입니다. 감정은행계좌에 부정적 감정 잔고가 많으면 신뢰의 속도가 느리고 소통이 안 되어 소모되는 것이 많습니다. 반면 좋은 감정 잔고가 많으면 신뢰의 속도가 빠르고 의사소통도 쉽고 효과적입니다.

목적　'감정계좌 게임'을 통해 성공적인 인간관계를 만들고, 인성계발을 완성합니다.

준비물　플립차트, 포스트잇

진행 방법

1 진행자는 참가자들의 감정계좌의 예입과 지출 경험을 서로 나누게 합니다.
2 가까운 가족이나 자주 만나서 일하는 동료들과의 인간관계를 통해 서

로의 감정계좌 경험을 플립차트에 적도록 합니다.
3. 주요 예입 수단 목록을 작성하도록 합니다.
- 상대방에 대한 이해심과 관심 갖기
- 약속 지키기
- 작고 쉬운 사소한 일에 관심 갖기
- 언행일치
- 진지한 사과와 용서
- 예의와 존중으로 대하기
- 긍정적인 말, 보디랭귀지
- 좋은 면만 보고 긍정적으로 기대하기
- 인정하는 말, 격려, 응원, 지지
4. 참가자들의 다양한 인간관계의 경험과 환경 속에서 전혀 생각하지 못했던 대인관계에서 감정계좌에 예입이 일어나게 하는 아이디어 목록이 작성이 됩니다.
5. 자신의 감정계좌가 마이너스인지, 플러스인지 진단하게 합니다.
6. 가장 많은 시간을 보내는 가족과 일터의 동료들, 주요 고객들과 잠재고객들까지 우리의 감정계좌를 풍요롭게 하는 행동들이 무엇인지 생각해 봅시다.

> **TIP**
> - 각 팀별로 감정계좌를 예입하는 주요 수단 목록이 작성되면 돌아가면서 발표하고 개인별로 역할과 행동에 따른 감정계좌를 작성하게 합니다.

배우자, 자녀, 부모님, 형제, 동료, 상사, 부하직원, 주요 고객 등 우리가 만나는 각 사람마다 우리는 매일 인출과 예입으로 감정계좌를 쌓아가고 있습니다.

무엇보다 감정계좌를 먼저 관리해야 합니다. S-T-C공식을 생활화합니다. 자주 만나 감정계좌의 예입을 높여야 할 사람들이 누구입니까? 잠시 멈춰Stop, 생각Think 해 보고, 선택Choose 해야 할 것은 무엇입니까?

약속을 지키지 않고, 신뢰를 깨뜨리고, 무례하게 행동하며, 남 이야기와 헐뜯기, 불평과 원망, 과민반응과 무시, 경청할 줄 모름, 역량을 키우지 않는 것 등 감정계좌에서 부도가 난 인간관계를 회복할 수 있는 지혜를 모아야 합니다.

피드백 게임,
건설적이고 긍정적 피드백하기

개요 피드백Feedback을 주는 목적이 무엇입니까? 다른 사람과 어울리면서 살아가는 조직생활에서 피드백은 필수적입니다. 혹시 피드백을 어떻게 하는지 배우셨습니까? 피드백이 좋은 의미를 가지고 있다고 하지만 결국 남는 건 부정적인 피드백뿐일 때가 많습니다. 피드백을 제대로 해주는 리더를 만난다는 것은 행운입니다. 《피드백 이야기》라는 책을 보면 피드백을 지지적 피드백, 교정적 피드백, 학대적 피드백, 무의미한 피드백 등의 4가지 종류로 이야기합니다. 피드백 게임을 통해 부정적이고 파괴적인 피드백에서 건설적이고 긍정적으로 피드백하는 기술을 경험하는 아이스브레이크 활동입니다.

목적 게임을 통해 피드백을 하는 진정한 목적을 경험하고 습득합니다.

진행 방법

1 참가자들을 3인 1조로 구성하여 피드백 게임을 준비합니다.
2 진행자는 참가자들이 서로 인사하며 평소 피드백을 주는 입장인지 받

대로 피드백을 많이 받는 입장인지를 서로 대화하게 합니다.
3. 가위바위보를 해서 한 사람은 피드백을 주는 매니저가 되고, 다른 한 사람은 부하직원이 되어 크고 작은 업무에 대한 보고나 결과에 대해 긍정적, 부정적 피드백을 받는 역할을 줍니다.
4. 나머지 한 사람은 피드백 게임의 관찰자 역할을 합니다.
5. 상황설정을 통한 롤플레잉으로 피드백을 주는 사람과 받는 사람의 시나리오를 즉석에서 연출할 수도 있습니다. 또한 커팅한 영상을 보고 난 후, 피드백 게임을 진행할 수 있습니다.
6. 관찰자는 두 사람의 피드백 게임을 보고 관찰된 사실 내용과 느낌을 통한 피드백을 해줍니다.
7. 피드백을 받은 사람은 피드백 받을 때의 감정을 서로 공유합니다.

> **TIP**
>
> - 3인 1조의 역할은 돌아가면서 바뀌어 모두가 관찰자가 되어 피드백을 하게 합니다. 또한 피드백을 하는 목적이 무엇인지 이야기해 줍니다.

어떤 피드백이든 좋은 성과를 얻기 위해서 피드백을 해줍니다. 또는 상대방이 뭘 잘못하거나 적절하지 못한 일을 할 때, 다음에는 잘하라는 뜻에서 피드백을 주게 됩니다. 그런데 이 피드백이 듣는 사람의 자부심과 능력에 영향을 주게 된다는 것입니다.

누군가에게 비판적이고 파괴적인 피드백을 할 때마다, 그는 자부심은 줄어들고, 자부심이 줄어들면 그들이 하고 있는 일에 대한 능력도 줄어들게 됩니다. 어떤 사람에게 파괴적인 피드백을 지나치게 오래 하면, 그 사람은 어떤 일도 해보려고 하지 않을 겁니다.

결국 점점 신경과민이 되어 버립니다. 어느 누구의 피드백도 받아들이지 못하게 됩니다.

파괴적인 피드백으로 신경과민이 된 사람들은 '이게 좀 틀렸다'는 말만 들어도 몹시 긴장하고 불안해 합니다. 더 좋은 성과를 내고 다음에는 잘하라는 뜻에서 건설적이고 긍정적인 피드백을 하기 위해서 다음 4가지를 기억해야 한다고 브라이언 트레이시는 말합니다.

첫째, 항상 칭찬과 인정으로 시작해야 합니다.

둘째, 어떻게 해서든 자존심을 건드리지 않아야 합니다.

셋째, 일에 대해서 논하되 사람에 대해서 논하지 말라는 겁니다. 사람을 나무라지 말고 성과에 대해서 이야기합니다.

그리고 마지막으로 과거보다는 미래에 초점을 맞추십시오. 즉 과거에 어떻게 했었다는 사실 말고 앞으로 어떻게 달라질 것인가에 초점을 맞추라는 얘깁니다. 왜냐구요? 이유야 뻔하죠. 과거는 어쩔 수 없습니다. 지나간 과거에 대한 비판적인 피드백은 엄청난 스트레스와 좌절감만 줄 뿐이니까요.

101
메타포를 활용한 티칭

개요　메타포Metaphor는 우리말로 '은유'를 뜻하며, 어떤 대상이나 사물의 본뜻을 숨기고 표현하려는 대상을 다른 이름으로써 암시적으로 나타내는 모든 수사법입니다. 즉, 하나의 이미지로 사물의 의미를 표현하는 데 사용하는 상징적 표현을 말합니다. 티칭에 있어서 은유는 단지 사용하면 좋은 정도가 아니라, 잘 선택해서 사용한다면 강의와 수업에 있어서 참가자의 마음을 집중시킬 수 있는 필수적인 기법입니다.

진행 방법

1. 당신이 강의하려는 내용과 관련하여 참가자들이 이해하기 어려울 것 같은 용어나 내용을 잘 이해하고 기억할 수 있도록 활용할 수 있는 것들이 무엇이 있나요?
2. 메타포라는 말을 사용하기는 어렵지만, 우리는 강의와 모임 중에 은유를 활용한 티칭이나 스토리텔링을 자연스럽게 하고 있는 것을 발견할 수 있습니다.
3. 강사의 강의내용과 관련하여 은유나 비유로 이야기한 것들이 무엇인지 질문을 합니다.

4 은유는 강의를 듣는 참가자들의 이해력을 높이기 위해 사용된 여러 가지 방법들입니다.

5 강의를 하다가 게임을 하거나, 동영상을 활용하여 참가자들의 이해를 촉진시키는 방법들, 그리고 동음이어를 활용하여 비교를 통해 확실히 이해한 것들을 참가자들이 찾아낼 수 있을 것입니다. 이때, 강사나 진행자는 참가자들이 은유를 사용한 자신들의 언어로 학습내용을 표현할 수 있도록 도울 수 있습니다.

6 은유의 접근 방법으로, 강사가 전달한 주제를 참가자가 은유로 묘사하게 하고, 자신들의 언어를 사용하여 피드백하게 한다면 참가자들의 집중력을 높여 주면서 학습효과와 기억효과에 좋은 티칭 기법이 될 수 있습니다.

"농구는 신장이 아니라 심장으로 하는 것이다."(앨런 아이버슨)

키가 작은 것을 정당화하고 합리화하려고 장황하게 설명하는 것보다 이 한 마디의 말이 그가 무엇을 말하려고 하는지를 단적으로 보여 주는 강렬한 효과가 있음을 알 수 있습니다.

추천사 ❶

이 책은 교육 담당자, 교사, 비즈니스 리더, 수업과 강의의 완성도를 높이기 원하는 강의실의 리더들에게 필수적인 다양한 퍼포먼스의 아이디어 캡슐입니다.

  강의나 조회, 미팅을 재미있고, 관계를 촉진시키며, 마음을 열어 가는 데 사용하면 좋은 효과적인 방법들을 풍성하게 담고 있습니다.

  당신의 모임에 웃음과 즐거움이 가득하고 화기애애한 모습을 상상해 보십시오. 웃고 대화하며, 관계가 친근해지는 활동을 통해 그 모임의 분위기와 관계를 만들 수 있습니다.

  8개의 I, C, E, B, R, E, A, K 주제별로 나누어 편리성을 극대화해 놓은 이 책을 통해 당신의 모임과 강의가 살아날 것입니다.

김경섭 한국리더십센터 그룹 회장

추천사 ❷

이 책에 소개된 '마음을 열고 분위기를 살리는 아이스브레이크 101' 활동 하나하나를 꼼꼼히 살펴보고 나의 것으로 만들어 강의 현장에서 바로 사용할 것을 적극 권합니다.

  프로와 아마추어의 차이는 아는 것만 사용하느냐, 아니면 새로운 것들에 끊임없이 도전하여 보고 듣고 익혀 효과적으로 사용하느냐에 있습니다.

  이제 강사 중심이 아닌 학습 참가자 중심의 즐겁고 액티브한 교육, 학습자들의 니즈를 충족시켜 주는 교육만이 선택받는 시대입니다.

  독자 여러분의 강의에서 이런 즐겁고 액티브한 교육이 실행되는 기쁨이 넘치기를 기대합니다.

강윤선 준오헤어 대표

추천사 ❸

정보통신이 발달하고 인터넷, 스마트폰이 보편화된 오늘날 가르치고 배울 수 있는 기회가 점차 많아지고 있습니다. 빠르게 바뀌고 있는 세상 변화의 흐름을 따라가기 위해 각자의 전문분야에서 오랫동안 익혀온 경험과 지식, 삶의 통찰력을 나누고 공유하고자 하는 교육적 요구도 증대되고 있습니다. 근자에는 아직 다듬어지지 않은 아이디어 차원의 생각이나 일상적인 삶의 체험을 전하는 것들도 좋은 강의 주제로 받아들여지고 있습니다. 이제 마음만 먹으면 누구라도 강사가 될 수 있는 시대가 된 것입니다.

그러나 강의는 결코 쉬운 일이 아닙니다. 하면 할수록 어렵다고 느껴지는 것이 강의입니다. 이유는 간단합니다. 가르치는 것이 기본적으로 학습자와의 교감을 전제로 진행되는 것이고, 학습자의 적극적인 참여 없이는 성공적인 가르침이 불가능하기 때문입니다. 가르쳐 본 사람이라면 압니다. 가르치는 내용 못지않게 잘 가르치기 위한 방법이 중요하다는 점을 말입니다. 아무리 좋은 내용이라도 그것을 전달하는 방법이 효과적이지 못하면 내용 전달에 실패하게 됩니다. 그래서 잘 가르치는 사람은 가르치는 방법과 관련하여 많은 시간과 노력을 기울이게 됩니다. 배우는 사람의 입장에서 어떻게 하면 보다 재미있고 강의에 집중할 수 있게 하는지에 대해 고민하고 연구합니다. 실패와 성공의 경험이 누적

되어 가면서 나름의 일가견 있는 강의 노하우와 교수법 철학을 갖게 되는 것이지요.

보통 스타 강사라고 불리는 사람들을 보면 학습자가 쉽게 이해할 수 있도록 간결하면서도 명료한 방식으로 내용을 전달합니다. 전달하는 매체도 학습자의 요구와 수준에 맞게 다양하면서도 세련되게 활용합니다. 무엇보다도 강의장 분위기를 즐겁게 만들어 학습자의 흥미과 관심을 고취시키는 데 탁월한 능력과 기술을 갖고 있습니다.

이 책은 강사가 강의를 즐겁게 이끌어 가고, 강의 내용을 효과적으로 전달하는 데 도움이 되는 다양한 교수 방법을 소개하고 있습니다. 강의장의 분위기를 밝고 생동감 있게 만들며, 학습자의 마음을 부드럽고 관대하게 바꿀 수 있는 실용적인 강의 기법들이 알기 쉽게 정리되어 있습니다. 저자가 그동안 강의를 하면서 활용해 왔고, 또 경험을 통해 그 교육적 효과를 확인한 것으로 강의 현장에 큰 도움을 줄 것으로 생각합니다.

이 책의 저자는 저희 연수원에서도 대표적으로 강의를 잘하는 분입니다. 가르치는 일에 대한 열정이 가득하여 보다 좋은 강의를 하기 위해 끊임없이 배우고 공부를 해 왔는데, 이번에 그 결실을 보게 되어 축하의 말과 함께 고마움을 전합니다. 이 책을 통해 많은 일반 강사들이 스타 강사가 되기를 바라며, 가르치는 일을 어렵게 생각했던 사람들이 용기를 얻어 가르치는 일의 즐거움과 보람을 누릴 수 있게 되기를 기대합니다.

김규환 한국대학교육협의회 고등교육연수원장

추천사 ❹

아무리 베테랑이라고 하더라도 처음 만난 개인이나 집단 앞에 서면 긴장하게 됩니다.

이 책은 저자의 오랜 경험을 토대로 언제 어디서나 누구를 대상으로 하든 상대의 마음을 열어 함께 호흡할 수 있도록 돕는 다양한 아이스브레이킹 기법을 소개하고 있습니다.

많은 사람들 앞에서 이야기를 해야 할 때 무엇을 어떻게 시작해야 할지 걱정이 되는 사람들에게 이 책은 청심환이 되어 줄 것입니다. 이 청심환을 먹은 발표자나 강사를 만나는 사람들 또한 행복하고 유익한 경험으로 오래도록 기억할 수 있게 도와줄 것입니다.

박남기 전 광주교육대학 총장, 《최고의 교수법》 저자

Korea Leadership Center KLC 한국리더십센터

한국리더십센터 www.eklc.co.kr

- 성과향상을 위한 맞춤형 HR Total Solution 제공
- 세계적으로 검증된 리더십, 실행력, 소통 교육 프로그램
- 회사별 교육 과정 개발, 핵심 역량 진단, HR 컨설팅

한국리더십센터 그룹(KL 그룹)

Korea Junior Leadership Center KJLC 한국청소년리더십센터

한국청소년리더십센터 http://www.kjlc.co.kr

- 세계적으로 검증된 국내 유일 명품 리더십 프로그램 제공
- 체험을 통해 깨달음과 재미를 동시에 얻는 참여형 프로그램
- 학교와 교사, 학생, 학부모를 위한 맞춤 프로그램 제공

한국코칭센터;
greatness in you

한국코칭센터 http://www.koreacoach.com

- 세계인이 인정한 코칭 교육 프로그램 제공
- 비즈니스, 라이프 등 전문코치 양성
- 임직원 및 개인 대상의 1:1, 그룹, 팀코칭 서비스

Korea Learning Resort KLR 한국러닝리조트

한국러닝리조트 http://resort.eklc.co.kr/

- 배움과 성장을 목적으로 하는 국내 최초 학습 리조트
- 용이한 접근성(경기도 안성)과 쾌적한 자연 환경 보유
- 최적화된 전사 및 팀 워크숍 장소 대관 가능

마음을 열고 분위기를 살리는
아이스브레이크 101

"강의, 수업, 프레젠테이션을 하는 강사들에게 가장 중요한 것은 무엇일까요?"
- 학습 참가자와 효과적인 관계 형성을 위한 오프닝 아이스브레이킹
- 학습 촉진과 동기유발을 위한 퍼실리테이팅의 기술, 아이스브레이킹
- 어떻게 감동적이고 의미 있게 클로징할 것인가?

참여식 수업을 위한 다양한 교수법이 여전히 이론과 설명으로 좌뇌 중심이라면, 강사를 살리는 아이스브레이크 101은 교수설계이론을 접목시킨, 다양한 장소성에 어울리는 우뇌 중심의 창의적 액션러닝 교수법입니다.

학습대상
1. 한 학기 수업을 다양한 퍼포먼스로 진행하기 원하는 초·중·고 교사, 교수, 강사
2. 프리랜서 서비스 강사와 리더십 특강 강사들
3. 아침조회를 진행하는 지점장, CS 리더를 위한 아이스브레이킹
4. 빈번한 회의 운영과 미팅을 이끌어 가는 퍼실리테이터들을 위한 아이스브레이킹
5. 청중, 고객 앞에 서서 자주 프리젠테이션을 하여 다양한 아이스브레이킹 아이디어가 필요한 분들

학습효과
1. 이미 강의를 시작하신 분들을 위한 아이스브레이킹의 A to Z를 경험하는 시간을 통해 자신만의 강의의 완성도를 높인다.
2. 강의를 시작하려는 분들을 위한 아이스브레이킹 Data Bank 아이디어를 경험한다.
3. 액티브한 아침조회와 재미있는 미팅을 진행할 수 있다.

커리큘럼
1. 아이스브레이커ICEBREAKer가 되라.
2. 강의를 효과적으로 여는 오프닝 기술, 아이스브레이킹
3. 강의 촉진과 동기유발을 위한 퍼실리테이닝의 기술, 아이스브레이킹
4. 감동적이고 의미있는 클로징의 기술, 아이스브레이킹

교육과정 문의
02-2106-4000 I synergy_group@eklc.co.kr
창의적 액션러닝 교수법 Creative Action Learning의 세계로 초대합니다!